向儒道思想學情緒管理

王邦雄——著

講學論道話兩岸（代序）

文化問題，不能只說北京文化，或台北文化，也不能只說上海文化或高雄文化，當然要說源遠流長的千年文化傳統。

太史公司馬遷有一句千古名言：「究天人之際，通古今之變，成一家之言。」此所以幾千年來的知識分子，都自我期許，要能學究天人，道貫古今，也自成一家。學究天人是哲學，道貫古今是史學，自成一家則是文學，在我們的文化傳統，文史哲本來就不分家。

依我的老師牟宗三大師的理解，「究天人之際」是天道人性論的根源問題，「通古今之變」是傳統與現代化的接續問題，「成一家之言」是西潮東漸之下，中國這一家在那裡的本位問題。此所以儘管在「西學為用」的迫切感之下，這一百多年來的中國士大夫，一定要捍衛「中學為體」的自家立場。

落在我們這一代，「究天人之際」已由天道人性轉為父子兩代的問題，

「通古今之變」已由傳統與現代化轉為夫婦兩性的問題，「成一家之言」已由中西文化交會中中國這一家在那裡，轉為台灣兩岸長久分裂要重新做一家人的可能性在那裡的問題。今天我們所面對的，正是兩代斷隔，兩性疏離與兩岸對峙的問題，在台灣鄉土，新生代已成了新新人類，父母帶不動兒女，老師也教不了學生，兩代間已形成了難以跨越的代溝；而在台北街頭新女性運動崛起，大男人的時代已遙遙遠去，女性在開拓自己的天空，試圖走出婚姻的羈絆，此傳統舊男人碰上了現代新女性，造成了婚姻的緊張與破裂；再看台海兩岸雖說已解嚴開放，文化交流與經貿合作正熱烈展開，但碰到敏感話題，隔空喊話，也過不了海峽中線。今天我們的千年文化傳統，倘若回應不了兩代斷隔、兩性疏離，與兩岸對決的三大難題，當前正在台灣拓展的兒童讀經運動，與大陸正蓬勃發燒的國學熱，豈不是成了一場沒有意義的家家酒遊戲，與社會流行風潮？

為了回應父子兩代的斷隔問題，我講認命，父子是命，命是不可解的，要三代一起認，認自己、認生我們的父母，也認我們所生的兒女。認命不是消極的逃避，而是積極的自我認同，英雄豪傑才認命，認命是一切可能的起點。人生百年轉眼即逝，我們祖宗留下來的智慧，就在生生不息，而代代相傳，生一對兒女，代表我們再活一回，這叫香火永傳。無可諱言，在台灣鄉土，佛門獨領風騷，人生觀在三世因果，我的前世決定我的今生；我的今生決定我的來生，種善因結善果，積善業得善報，此人生的福報既由自家的德行負責，不是社會的錯，也不是別人害的，堪稱乾淨俐落，沒有瓜葛。問題在，在這一三世因果的譜系間，我最愛的父母與兒女，竟消失不見了，所以我要以儒家的三代傳承來消化佛門的三世因果。依佛門說法，今生兩大事，一在了前生，一在修來生，了前生我們要孝敬父母，修來生我們要教養兒女，生命從父母來，傳向兒女去，父母是我們的前生，兒女是我們的來生，閩南話說兒女是後生，放在此中最為貼切。

其次，為了回應夫婦兩性的疏離問題，我講「緣分」。父子是命，而夫婦是緣，「緣」本是佛門的觀念，「緣起性空」，世間萬法皆依外緣而起現，所以無自性。民間傳統，將情愛婚姻歸屬於「緣」，且老講隨緣，而緣起緣生，緣盡緣滅，情愛婚姻就此落在生滅無常中。此所以，我們要以孟子所說的「君子所性，雖大行不加焉，雖窮居無損焉，分定故也」的性分，與莊子夢為蝴蝶所說的「周與蝶，則必有分矣」的本分，來定住情愛婚姻的「緣」，所以不說隨緣，而說緣分，以分定住緣，緣會不會散掉，而可以在性分本分的貞定中長久。「君子之道，肇端乎夫婦」，若夫婦這一倫定不住，家庭崩解，天下理序一定大亂，而人間小兒女無家可歸，豈不是太可憐了！

最後，為了回應海峽兩岸的對決問題，我們要在共同的文化傳統中，尋求兩岸可以一家的價值依據。《論語》裡，有一段記載，說子路夜晚在石門那個地方過夜。第二天清晨，邁開大步走出城門，這時看守城門的道家隱者，受到子路英雄氣概的吸引，忘了隱藏自己，竟衝口而出問了一句：「先生從何處來？」子路知道眼前是一位另一家派的高人，不敢等閒回應，充滿敬意的答道：「從孔家來。」未料這位隱藏自己光采的隱者，也立即應道：「是明明知道事實不可能，卻仍一生堅持做去的那一個人嗎？」這是《論語》一書中，最有生命感也最為動人的一段對話。對孔子一生最簡潔而傳神的性格論定，竟從一位道家隱者的口中說了出來。今天，兩岸的朋友，已在全球各地行走，碰面問候，問先生從何處來，請不要說從北京來，或從台北來，那就太見外了，請大家都說：「從孔家來。」那不就成了一家人了嗎？而且兩岸之間，要有子路與晨門的心胸氣度，一眼看到對方的好，這樣兩岸的好就會一起朗現，這才是我們共同的願景，不然的話，失落了「從孔家來」的文化自覺，台灣奇蹟與中國崛起又有什麼意義，因為兩岸中國人的身上再也看不到中國了。人生有兩大出身，一是家門，一是師門。家門的香火要永傳，師門的薪火也要永傳，這兩把火永不能在我們的文化鄉土中熄滅。

此外，對應台灣鄉土佛門信仰的打禪七風行，我倡導「當代新禪七」，七不是坐禪七天，而是柴米油鹽醬醋茶，大男人到山上隨師父修行去了，那小女子呢？僅能枯守廚房，在柴米油鹽間打轉嗎？總要一家人一起修行，且在家中修行，在柴米油鹽的必需品之外，另有醬醋的調味品，最後還要有茶道的妙品，「茶」可有可無，卻可以解消塵囂俗染，而在家常日常中，活出一家人的美好。而在兩岸互動間，我講「道在烏龍普洱間」，台灣的妙品在烏龍，大陸的妙品在普洱，台灣朋友熱衷普洱，大陸朋友喜好烏龍，這是兩岸間最善意的互動。烏龍就是老子說的「挫其銳」，忘了我是一條龍，普洱有如老子說的「同其塵」，茶水深濃如藥湯，而性極溫厚，每一個人都可以喝，且隨時可以喝，與眾生同在，而忘卻人間煩惱。

當前文化產業的兩岸交流，已成兩岸互動的主軸；而其價值源頭就在「通古今之變」的文化傳統，故兩岸一家的可能性，就在經典義理的傳承與消化。總結一句話，向儒道思想學EQ管理，在競爭力之外，多了包容力，不忙著把對方比下去，而活出雙方的美好，這樣，兩岸的共同願景，在至聖先師與太上老君的雙重加持之下，終究實現的吧！

上卷

·面對人生困境

從「行到水窮處」到「坐看雲起時」

我們應該用我們的傳統，儒家的、道家的，來支持我們「這世界變化快」的人生。

第1講：人生的智慧

下卷

·從經典中找尋智慧突破困境

從老子的三寶到現代新禪七

我們應該開發儒家的、道家的經典智慧，來開創新時代的願景。

第7講：生命的大智慧

第8講：一命二運三緣分

第9講：傳統與現代的對話

第10講：儒道法三家思想之比較

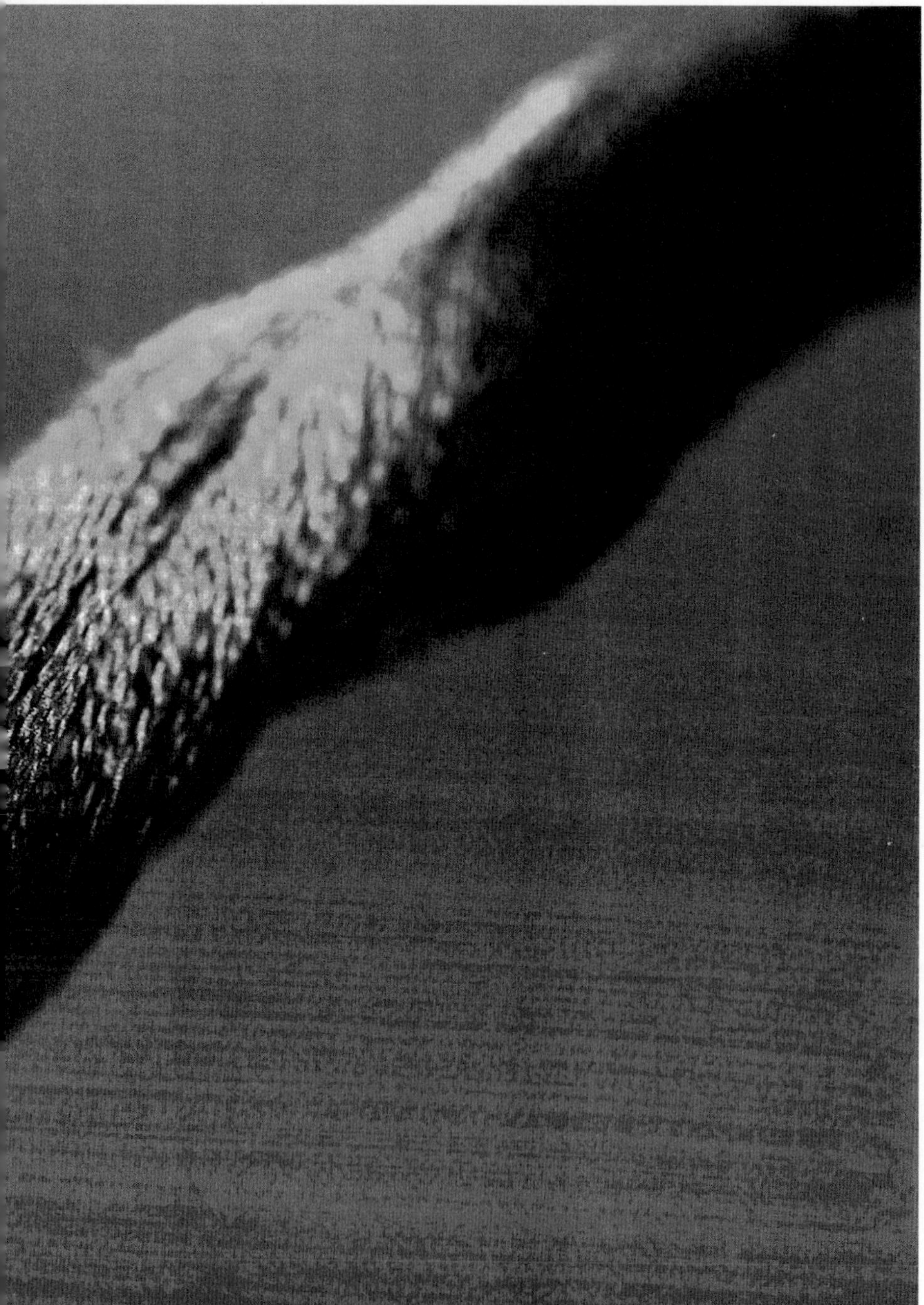

上·卷

•面對人生困境

從「行到水窮處」到「坐看雲起時」

我們應該用我們的傳統，儒家的、道家的，來支持我們「這世界變化快」的人生。

第1講：

人生的智慧

【常識、知識與智慧】

談人生的智慧，第一個問題便是「人」的問題，而人的問題還要去活出來，把自己活出來。所以便涉及到二個「生」的問題，是人在生，假使我們把生當動詞來看，那就是我們活在世界上每天都要生、要生出來，每天都要有新的東西——新的情意、新的理想、新的感受、新的體驗，生命中有新的火花——這叫生。談人生就要去問人如何在活著的每一天把自己活出來，且生出一點東西來，這樣才可說不虛此行。第三個問題就是要有智慧，一般說來，都從知識或技術觀點來談人生問題，比如說如何跟人對話，如何取得他人的好感，或是如何推銷自己，這些就是所謂技術面的問題。或者說我們要有知識才有力量，所以我們要讀書、進修以汲取現代知識，這樣似乎在人生過程中擁有更多的勝算。

今天不談知識技術的問題，而從智慧層來處理。人生剛開始要有常識（一般見識），無論何人皆擁有基本常識來面對人生世俗的問題，而此等常識往往是個別、零碎的，我們希望它有一個整體的常識——這個叫學問、知識。我們在為學過程中，都擁有一套知識，它是成套的，有系統的，所以我們學到的東西要整套的出來，去認知運作，問題在人間是變化的，而從學校學出來的整套知識在面對複雜的社會現象，卻發覺用不上。大陸歌手崔健的歌詞有句話說得好「不是我不明白，這世界變化快」。這世界變化快，而我們學到的知識是整套的，所以為何有人說書呆子、叫死讀書，因為你我被成套的知識給套住了。其實不光世界變化快，而人生也變化快，我們有時都很難適應自己的成長，很難適應我們自己內在的變動，更何況是外在的變動，整個世界都在變動。故此我們需要智慧，把成套的知識給消化掉，甚而把知識忘記，使其成為滋養，變成我們生命的滋養。把成套知識給消化掉，轉成無形的智慧，如此便可以活用，所以把書讀活了便叫智慧。

有時人生亦是一本書，我們亦可活在常識的層次裡，每天就是人情事故，到處行得通，很有生活常識；當然我們亦可以拿整套來推動，我們用知識來走我們人生行程，一切按知識來、按技術來，都有計畫的安排和程序，每個階段都這樣走過來，很有知識分子的架勢。但是我們可以進到第三個層次——把知識化成智慧。所以我們談人生的智慧，這個「生」就是從智慧發出來的，有智慧的人才有生的動力。而我們之所以談智慧，就是因為我們的常識豐富，而且都有整套的知識技術，但我們似乎少了個智慧，使得好的開始卻有不好的結局，此乃我們缺乏消化人生的力量。不能消化它，它便形成吾人的負擔。拿台灣社會來說，我們擁有足夠的常識、知識和技術使台灣經濟成長，可是我們卻缺乏消化財富的智慧，使得此成長成為我們每個人的負擔、社會的負擔。所以我們需要智慧來運用此成長，使其支持我們、提升我們的生活品質，讓我們活得更有美感、更有人情味，及有個更合理的社會。因此，人生是要有智慧，而後「生」才會開發出來。

誰來「生」我們，誰來為我們做「主」？

我們談人生有兩大問題，第一個問題是誰來生我們。人生一定要先來到這個世界，我們來到這個世界一定有人生我們，所以誰來生我們，這是第一個問題。而第二個問題是誰來幫我們作主。我們生下來當然要過一生，但我們一生是在人群中過的，而在整個群體中，到底誰可以來幫我們作主，所以人生有兩個問題——「生」跟「主」。誰來生我們、誰來為我們作主呢？我們現在問台灣社會「生」的力量在哪裡，大家都很勤儉，這是台灣社會最重大的動力，這叫儒家的倫理。中國人有此動力才有今日如此傲視全球的財富，所以我們生的力量在此。但是我們希望此財富能分配平均不要集中於少數人手中，抑或生產的廠商不賺錢，而炒股票的廠商則大賺其錢，這就生出問題來了。因為沒有人作主，等同鼓勵大家不事生產而炒股票、炒房地產，但是台灣今日的財富是靠生產來的，是由生而來的，而此時這個「主」出了問題，便會動搖那個「生」的問題。所以人生兩大問題——生和主，我們叫人生、人主。幫我們作主的人，過去是指君主，現在是指政治家，政治家可以幫我們作主，所以我們現在端視政治領導人物如何使每個人有一分耕耘就有一分收穫，這叫「主」。

父母「生」，老師做「主」

從「生」來說大概指父母，從「主」來說是指老師。因為是父母給我們愛，愛便有生的力量，父母要不是愛我們就不會生我們，而我們心中有愛，所以我們會生出第二代，而人類有愛才有無數的後代，生生不已，所以整個人類生存的力量來自於天下父母的愛。生生不息即是人生。愛是生的力量，但是我們還要一個主、一個方向，一般說來是老師給我們方向，老師中的老師是孔子，孔子給我們方向，還有其他老師像佛陀、基督都給我們一個方向。所以一般說來父母是生，老師是主，或是說醫生是生，法官是主。所以司法一定是代表社會的正義，因它幫我們作主，絕不讓好人吃虧而是讓好人出來，如此才有主，才有正義，一個理想社會便是好人有好報。好人不斷出來便是生，不斷生出好人來，這個社會才有希望。所以一個老師希望用功讀書的學生，他的成績考得好，於此，希望他們用功讀書是「生」，而用功者成績好便是「主」。如此說來，人生兩大問題，一邊是父母擔任，一邊是老師擔任。事實上真正偉大的政治家同時作兩邊，他生這個社會同時幫這個社會作主，他一方面給社會動力，一方面給社會公平——生才有動力，主才有公平。這樣的領導人物，中國自古以來叫聖人，而且聖人要當皇帝，聖人具有生的力量，當皇帝具有作主的權力，所以我們希望天下最好的人出來做主，又是生又是主——這叫聖王。聖那邊就有生的力量，王這邊就有主的力量，這是中國幾千年的理想——天下最好的人出來當皇帝，他又生我們又幫我們作主，這叫聖王。聖王就是父母加老師，他有父母的愛、有老師的方向，而我們一般人在家裡可以做到父母的愛，卻兼顧不到老師的方向，或是說我們在學校可以做一個成功的老師，卻很難同時做一個成功的父母，我們要父母加老師，才能帶孩子成長，而二者合一帶動整個國家成長則為聖王。

【人生、人主與天生、天主】

不過，無論是聖王、父母或是老師都是人，所有人的弱點他們都有，所以我們才會發現有老師拒絕教學生、有父母離家出走，如此一來不是整個人生出了大問題嗎？所以我們才要說天生天主。天生天主的意思就是由老天來生、老天來作主，那為何說老天來生、老天來作主呢？本來應該是人生人主，是人在活一輩子，人自己來作主，但是現在我們發覺人本身出了問題，所以我們發覺只有天可以一直生下去、可以永遠為我們作主，這叫天生天主。這個天可以是上帝、佛，亦可以是菩薩，雖然稱呼不同但所代表的皆不是人，是在人之上的神，來幫我們生幫我們作主。那為何天可以幫我們生幫我們作主，因為天不是人，所有人的弱點天沒有，所有人間的問題天沒有。我們似乎覺得天是比較可靠的，當我們說天可靠時，意謂人不可靠，因此在我們比較軟弱無依時，我們都會去找天、找神明、找我們的宗教信仰，因為我們所說的話，神明總會忘記，而且不會告訴別人，我們靠到天那邊去

——因為天可靠。為何在我們軟弱無依時不找人而找天呢？因為天是不變的，從不拒絕任何人，而且是有求必應的，反之人則不可靠，會變會拒絕，因此我們找天找神明。

天可靠，物可愛

人生兩大問題——主的可靠，跟生的可愛。一個是可靠一個是可愛，我們永遠在尋求可靠和可愛。這世界可以分成——天、人、物——三層次，由此我們再來看第二個問題，人在寂寞無聊時，總會去尋求可愛的事情，而且是找物不找人，去找可愛的物即寵物，那為啥物比較可愛呢？因為它隨時等待我們，你對它好，它就對你好，它不責求我們，不抗拒我們的愛，所以現代人遛鳥遛狗不遛人，那就是物比人可愛。所以人生的問題，尋求可靠我們找天，追尋可愛則找物，而人則既不可靠又不可愛，此乃人生絕大的問題，我們不禁要問到底人出了什麼問題？人自己把自己取消了，這是一個危機。人生要從問題來，從問題去發現智慧。

家人可靠，朋友可愛

現在從人本身來說，在人際關係裡面誰可靠，我們的家人可靠，我們的父母、兄弟姐妹可靠，因為他們是天——天生的、天倫。天生是一家人，因為生命是從父母來的，我們的命是父母生的，這叫天生的關聯——天倫，天倫是不能拆開的，所有人際關係皆可分離，唯有父母兄弟姐妹是不能分離的，所以我們的家人是可靠的，但是可靠的不一定可愛，父子家人不一定合得來。而朋友一定可愛，不然就不是朋友，因為朋友可以挑選，一定是很投緣很貼心的人，你跟他做朋友，所以朋友一定是可愛，但問題是朋友不可靠，任何原因都會分離，因此可愛的人不可靠。

我們把人生分成兩個——一個叫家人、一個叫路人，家人是可靠的但不一定可愛，而路人則是可愛但不一定可靠。一般說來，夫妻應該是可愛而且可靠的，不過戀愛時是可愛但卻不可靠，結婚後是可靠但不可愛，所以實際問題還是存在。因此如何讓家庭生活好，就是可靠之外加可愛，父母要做兒女的朋友，婚姻要保有戀愛的感動；而朋友之間如何又是可愛加可靠，則必須要有一段跟他共同成長的歷程。人生的希望就是找到一個可愛又可靠的人，現在這個凝聚點便在夫妻這一倫裡面，因為我們跟父母的時間遠不如我們跟夫妻在一起的時間，父母不能挑選，但夫妻可以選擇，經由選擇一定可愛，你還要使它變成跟父母一樣可靠，而如何跟父母一樣可靠，便是兩個人做父母，共同來生兒女，如此一來便是由可愛走向可靠的開端。

心來「生」，心來做「主」

我們有時覺得人不可愛不可靠，所以找物找天，但人總是要回家，畢竟祈求以後，還是要回家，回家後還是人自己要生、自己要主，那麼人是靠什麼來生、來主呢？天可以主是因為天的心，天是有愛心的——佛的心、基督的心、孔子的心、天道的心，這個心才是生才是主的根源。故此人要生要主是靠人的心，只要我們的心能出來，我們便能跟天一般天生天主，我們是心生心主，由心來生心來主，所以人的心靈上同於天。

而心是什麼——是愛，愛是什麼——是好的，愛就是生的力量，有愛的地方就有生的力量，人心是可愛是好的，但為何人間多少的愛到最後卻變壞？智慧便是我們如何使愛永遠是好的而不變壞；而愛既是好的為何會變壞，此由我們的「氣」來，我們忍不住講氣話，忍不住講一些讓自己後悔的話，因而壞了我們的愛，所以唯一的方法便是讓氣消掉而讓心出來，這個在傳統叫修養。現代人的氣很多，像什麼俗氣、銅臭氣、江湖氣等等，我們要造就一個高品質的生活——即心對心，便要把所有的氣，加上自我的優越感消掉，不用氣來壓迫他人。所以我們講體貼叫貼心，兩個無形的心可以貼在一起，而兩個氣則一定會抗拒，所以讓氣消掉而心就出來了，心是愛，於是愛亦就出來了，你把氣給消掉便叫變化氣質。我有我的氣質，你有你的氣質，所以氣質是我的精采和你的精采，而兩人在一起便是兩個人的精彩，但有時相反，我的氣質看不到你，你的氣質看不到我，此時便需要修養，一方面不要講氣話，另一方面不要太標榜自我，不要說我就是我，因為現在你是和別人在一起，而不是你一個人，所以只要跟一個朋友在一起，就要讓他覺得我因他而不同。因此如何讓原來是好的愛永遠是好的而且更好，唯一的方法就是修養，不出氣而生出心，此乃讓愛永遠是愛，且提升生活品質的可能途徑。

人物氣壞、人間錯亂：修養與倫理

第二個問題是愛不僅是好的，且愛要是對的，所以我們希望在愛的路上有人幫我們作主，這是現代所有婚姻中女性最大的問題。我們碰到最大的問題就是女性提出一個問題，她們的感覺就是婚姻不可靠，那誰來幫她們作主呢？萬一婚變呢？為何過去的婚姻可以一生一世，而現代的婚姻就不是呢？所以問題在此，愛是好的，但在人物間會變壞，因為人就有物，而物就有氣，所以人物會變壞，因此唯有把氣消掉，那個原有的愛才永遠在那個地方。即將烏雲撥開，陽光總是在天上，感情生活之所以滿天陰霾乃因烏雲遮日，因此經過修養將烏雲撥開便見得陽光普照。愛不僅是好的，它還要是對的，而愛本來是對的，哪裡會有錯的呢？愛是對的才能理直氣壯，才會得到支持，萬一我們覺得是錯的，則愛不能長久，很難頂天立地在陽光底下，因為假定認為它是錯的話，就會引來挫折。愛之所以可能出錯，因為愛不光是人物，人物是我們自己的問題，現在不是人物的問題，而現在會出錯，是在人間那邊出錯。人間是很多人，愛是在很多人中間展開，人間關係會交錯，會陰錯陽差，如此一來，愛本來是對的，但可能在人間出錯。故此，愛不只是好的問題且還有對錯的問題，這個對錯的問題即是主的問題——誰來作主，好是生，因為好才有生的力量，但它必是對的才有人作主。婚姻的本質便是希望既可靠又可愛，但是可靠還是會出問題。

西潮東漸下的傳統婚姻

此問題在於西潮的東漸，西潮是把夫妻放在朋友的基礎上，而中國傳統是把夫妻放在父子這一倫來看。父母決定所以叫父母之命，是父母來保障這對人間兒女的婚姻，而且這對夫妻又生他們的兒女，因此我們是用上下兩層來看夫妻關係，上面是父母之命，底下則是兒女之命（兒女是父母的命根子，所以說兒女之命）。我們把夫妻當作命，就是因為父母的命、兒女的命，命是不能分離的才叫命，這乃中國傳統，因此它一定可靠，整個傳統在保護夫妻。但現在的夫妻受西風的影響，是把夫妻當朋友，它不通過父母來看亦不通過兒女來看，這叫自由的戀愛，夫妻關係是朋友，朋友的本質是在路上碰到，那麼在路上碰到喜歡的一定可愛，可愛的時候在一起，不可愛時就分離。因此，我們現在對夫妻的思考不從可靠來用心，而是從可愛來用心，如此一來，整個可靠出了問題，所以現在不是說兩個人的問題，而是很多人在一起的問題。現在的男女在上班的時候跟異性相處的時間，遠超過他回家跟伴侶在一起的時間，而且工作的艱苦、挑戰、成就感以及榮耀，他們是共同分享的，而夫妻在一起只有最世俗的生活，柴米油鹽，奶瓶尿布，不僅層次不高，而且相當艱苦勞累。因此愛是對的，相形之下，卻可能在人間出錯。我們都從家庭走出來，在家的時間很少，所以孩子跟同學比較親近，先生太太在外面上班跟同事比較親近，如此這個家就幾乎不成家了，整個社會變化快，幾乎把那個原來是一體感的家給沖垮，那麼誰來幫我們作主呢？萬一有個更可愛的呢？那可愛就讓原來的可靠動搖了。所以現在我們的夫妻面對傳統和現代的拉扯衝擊，從傳統我們要求自己可靠，但面對現代，我們則在尋求可愛，所以我們的掙扎就在可靠和可愛之間搖擺，這是現代中國男女最大的問題，我們既是傳統的中國人又是現代的中國人，此二者如何尋求一個平衡兼全的可能性呢？人生智慧即在於使婚姻的可靠永遠保持戀愛中的可愛，如何來保護本來是可愛，後來加上可靠的夫妻呢？而且我們希望永遠可靠永遠不出錯，此時我們便講倫理。

愛不是第一，而是唯一

這個倫理就是我們把它排列次序位置，現在人生的愛不是有沒有的問題，而是我在你愛的排行榜裡面是不是排名第一，而且第一亦錯，因為那就表示可以容許有第二和第三，不然為何講第一，所以要把第一改成唯一，此時他的可愛和可靠就是唯一的。而這個唯一不是你跟所有人際關係斷絕，而是你在這個關係是唯一的，在可愛和可靠重疊是唯一的，所以我們講倫理的意思，就是夫婦這一倫是唯一的，朋友則泛指所有的朋友，但夫婦只有一對一。現在因為整個社會比較開放，整個人際關係比較複雜，但是假定我們倫理觀念很強的話，異性的交往或是同事的共事，便不會動搖原來的夫妻關係，人際公關只是「事」，而「情」留在家中，在夫妻這倫穩住了，我們很清楚這是唯一的，然後所有其他的朋友都是人生道上可以互相欣賞、肯定及支持的人。所以我們希望我們的父母知道，我們愛我們的妻子是天經地義的，我們亦希望我們的妻子知道我們孝順我們的父母是天經地義的，因為它是不同的倫，我們對父母跟對妻子是不同的倫，不同的倫就有不同的理，所以夫妻是恩愛，對父母是孝敬。現在小家庭居多，這個問題不如以往那麼重要了，大家更關心的是夫妻之外的社交活動，誰來幫我們作主呢？法律是保護夫妻的，但是法律出面時事情已經很難挽回，法律是有它的效能，但總是在悲劇發生以後，它才站出來，我們希望人生的智慧，不是在艱苦產生後才出來，我們希望防患於未然。有智慧的人也就懂得如何保護夫妻的穩定及兒女的成長，而且假定我們真的對人家好的話，就不讓人家承受那種不能公開在陽光底下那份感情的委屈。所以在婚姻之外的愛情，它最大的問題就是它得不到自己的支持，它永遠是自己把自己打垮的，因為你認為你是錯的，就很難對自己交代。所以一定要是理直氣壯，一定要是對的，愛是好的且同時要是對的，才會心安理得而理直氣壯。如此一來，在陽光底下有水分有空氣，那個愛才會成長，愛成長才會開花結果，這叫人生的智慧。愛永遠是對的，卻在人間出錯，人生的智慧就是如何讓它永遠是對的而不是錯的。愛本來是好的，但是在人物中變壞，你如何讓它不變壞而永遠是好的，這才是智慧。因為本來是好的，本來是對的，如何使它永遠是好的且不變壞，永遠是對的且不出錯，前面靠修養，後面靠倫理，但是假定我們把修養和倫理當教條的話，那我們等於取消了人生的智慧，如此一來則生沒有了，主也沒有了。

「有心」可靠，「無心」可愛

整個說來，從天、人、物來說，我們希望不要把可靠給天，把可愛給物，因為人本來又是天又是物，假定物可以可愛，天可以可靠，那人可不可以在我們自己身上去開發，讓自己既可靠又可愛呢？何須在人之外去找天的可靠、物的可愛呢？因為人亦有物、人亦有心，人的心就是天，所以人是可以既可愛又可靠的，我們希望不要在人之外去另外尋求可愛和可靠，當然無可厚非的是天永遠可靠、物永遠可愛，所以我們才追求財物，不過此時只在強調人亦可以有物的可愛和天的可靠，我們在人之外去尋求的話，便會把人生的主體、人生的重心取消。

其次就人來說，事實上就是心跟物的問題、愛跟氣的問題，你是要愛還是要氣，這是一個最簡單的選擇問題。我們就儒家和道家的觀點來說的話，儒家強調把物消掉、心就出來——即克己復禮，就是修養。只要把氣消掉，你原來的心就是那麼的美好、圓滿，心是圓的，人生是圓滿的。就道家的意思來說，它強調要無心，放下你的心，不要那麼執著、那麼高標準，對愛要求那麼完美，而要把心放下來，要無心，那麼原來的氣就會很可愛的表現，有時我們的心加進去，會使我們的物矯揉造作，不自然反而不可愛，因此，儒家的說法是物消掉心出來，這是儒家讓我們的可愛轉成可靠的說法。而道家則要我們的心放下來，讓我們的生命很自然的展現，而使我們變成可靠中的可愛。儒家的哲學讓我們變成可靠的人，道家的哲學則使我們成為可愛的人，而兩家都講修養，儒家是要無欲，道家是要無心。無欲的話，我們的心就能以它原來真實的面目呈現，愛是原初的愛，沒有經歷人生的創傷，所以儒家的哲學使我們變成可靠的人，使我們的愛永不變質、永遠可靠。而道家的說法是把心放下來，我們的生命就會讓人家覺得那麼自在悠閒，因為你不會壓迫人，大家都活得很自在很融洽，沒有壓力，所以經由道家的修養，人是可愛的。我們的文化傳統本來就有兩家——儒家的智慧、道家的智慧，同時處理人生兩大問題，一個是如何讓我們可靠，一個則是如何使我們可愛。

【結　語】

總結全篇，從天、人、物來說的話，天可靠、物可愛，因為假使說神明可愛的話，可能對神不敬，所以神是可靠的，但是我們不希望用可愛來跟祂相處；物是可愛但並不一定可靠，因為它沒有神靈，所以不一定可靠。因此，可靠求神可愛找物。落在人自身，家人可靠，朋友可愛，現在不管朋友或家人都在人間，那麼我們不管是人物或是人間，皆可通過儒道二家的修養，將兩個修養合而為一，使每個人既可靠又可愛。一個人既可靠又可愛就代表了合理的人，合理的人在一起叫合理的人間，這合理的關係主要是靠哲學、靠人生智慧、靠幾千年。

我們希望幾千年的中國智慧支持我們每一個現代的人生，每一分每一秒的人生都有幾千年的支持，而不要一切從頭開始（人生的錯誤從頭開始，人生的悲劇從頭開始），幾千年了，我們的身上都有幾千年。所以我們應該用我們的傳統，儒家的、道家的，來支持我們「這世界變化快」的人生，然後我們都很明白，我們可以面對世界的變化快，面對人生可能的風險，那就是讓我們永遠變成一個可靠同時可愛的人。

第2講：自我的追尋與超越

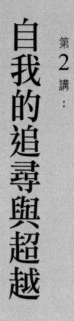

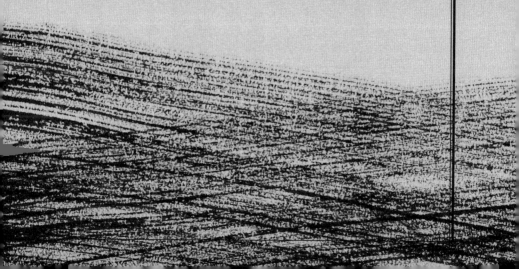

【人不可能孤獨過一生】

人生在世，總不能活在我自己單純的世界裡，命定的要投入複雜的人間世界，去展開我們追尋自我的行程。不管我們喜不喜歡，似乎沒有選擇的餘地，我們大概只有一條路：就是走過去！引莊子的話來說，就是：「以刑為體，以禮為翼。」我這個人的存在，是不自由的，就叫做「以刑為體」。「體」不是哲學名詞的心體、性體、道體，是指主體，體與翼相對，指的是做為人生出發點的我這個人。人生是以自己做為基地，但是這個自己是不自由的，不能隨自己的喜歡而改變身高、體重和長相，或改變性向、才情，我們天生是怎樣的人，一生就照這個樣子活下去，這就是人生的問題。比如我們比較害羞、謙退，這是與生俱來的，我們只有接受，因為我們只有這個機會，照我的說法，這就叫做「命」。

「我」是有限的，這是人生的第一關卡；又要走入複雜的人間世界，這是人生第二個關卡，也就是我所說的「緣」。人活在人間，就是「命」活在「緣」中。我這個人「命定」，因為父母把我生下來就定了。但是「我這個人」不光是「我」的問題，還要跟不同的「我」（個體）在一起過我的一生，這叫「以禮為翼」，因為人間的管道是禮，人我的相處是禮。我要把「我」自己活出來，但是要在人間世界活出來，不可能孤立的走人生的路，所以，要走大家共通的路。

【自我會在人潮中淹沒】

這就產生了兩個問題，一是自我的追尋，一是自我的超越。人的一生就是要把自己的風格活出來，這就叫自我的追尋。世界上人那麼多，我們希望在人潮中凸顯自己，凸顯自己就要把自己的性向、才情、學問、事業，各方面做充分的展現，這樣的人生才不虛此行，所以人生就是在自我的追尋。但是無可避免的，我們在人群中會受到社會潮流的牽動，而潮流一般是趨向新的，叫新潮，屬於過去的就是舊的，所以新潮是有時間性的。我們會被社會潮流帶動，會被這個群體吞沒，所以人生的兩個問題：第一，我們要有自我，所以我們追尋自我；第二，這個自我一定要投入人間世界去活出來，可是一投入人間世界，就會被廣大的人間世界吞掉；所以今天主題是〈自我的追尋與超越〉，自我的追尋才可以活出自己，自我的超越才不被人間吞沒。

事實上這是個老問題，是兩個思想家的問題。一個是墨家，墨家要割捨自我去兼愛天下，叫「自苦為極」，「自苦」就是要犧牲自我，把自苦當做最高的修養；犧牲自己，為天下人奮鬥，才是生命的究極意義，這是墨家學派的看法。另一個是楊朱學派，墨氏「兼愛」，楊子「為我」。墨家一定要投入天下去展現鋒芒，人生才有意義。墨家就是墨俠，是後來的俠客，俠客英豪在歷史上或文學史上是少數富有美感的人物，一個人可以把什麼都割捨掉，他的生命馬上展現無比的美感，我們什麼都在乎，就一點都不美感。問題是，墨家俠客投入那麼複雜的天下，一定會迷失，而且要為天下人犧牲，也是很悲壯的。楊朱不這樣想，他走相反的路，做了完全不同的選擇，「取為我」就選擇了回歸自我的路。這兩種態度剛好是人生的兩極。

人生是「自我」活在「天下」，就是前面說過的，你要承受「自我」，我們也許生得不夠完美，但是你要承受；我只是我，不可能是別人，所以不要每天想像自己是其他人，每天想辦法做別人，這是非理性的，事實上不可能，也沒有價值。你做別人做得很成功有什麼意義？你做李白第二、杜甫第二，畢竟不是李白、杜甫，所以我們只有一個機會，只能做自己不能做別人，這叫「以刑為體」。楊朱「取為我」，他所選擇的人生道路是「為我」，「為我」就是回到我自己，好好把自己活出來叫「取為我」，我們不要把「為我」當做自私來解釋，這樣會誤會楊朱，因為楊朱的前身是隱者，隱者是隱藏自己的人，隱藏自己的人厭倦人間的名利、權勢，因為名利和權勢讓人墮落，所以他不要人間，他要歸隱，讓自己退出人間。楊朱選擇回歸自我的路，從天下回到自我，因為天下讓人迷失。很多俠客是很悲壯的，很壯，但是很悲，他有美感，但畢竟是悲劇，所以孟子說「逃墨必歸於楊」；剛開始我們滿懷熱情投入天下，後來發現天下原來很複雜，還沒有救成天下，自己就已經受傷，所以趕快從天下退回來，就退回到自我。

我選擇「自我」總可以了吧！但是自我也有自我的問題，自我也是很難安頓的存在。諸位都放過暑假，你自己知道日子怎麼難過。每天在臥室、客廳、廚房來回走動，就是不曉得該做什麼，好像坐也不是，站也不是，走來走去，總不知道如何排遣自己。所以回到自我就會面臨寂寞，「寂寞無人見」，雖然不悲壯，但是很荒涼，回到自我，處境是單純了，但是生命頓顯荒涼。我們為了保護自我而割捨天下：割捨人際關係、割捨情愛、割捨婚姻，因為這些都會讓我們受傷，因為我們對它有期許、有所依靠，它就回過頭來給我們束縛，給我們壓力。那麼回歸自我是不是問題就得到解決了呢？選擇了退出天下回歸自我的路，自我的安頓又如何可能？所以人生不可能從兩極中去選擇其中之一，不管犧牲自我兼愛天下，或是割捨天下回歸自我，都是人生的遺憾。

【追尋自我，超越自我】

我們可以說人生永遠只能面對自己，而且回歸自己，比如諸位看電影、看文學作品，一定是回到自我，否則就沒有意義，你只是在看故事、看一些流動的場景，一些飄浮的人物、一些變動的情節，與你何干？所以每個時刻我們都要面對自我，把天下拉到自我來，天下之所以有意義就是因為有我。看山河大地、看文學作品、看影劇，都回到自我生命的感動中。所以人生只有在面對自我的時候才開始活著，不然的話，我們就是流落天涯，在熱鬧、變化的生活中，雖然都有我的參與，但都沒有意義。所以要讓人生往自我的方向來思考，這叫「自我的追尋」。

假定這個「自我」只是屬於我這個人的「命」的話——即屬於我天生的條件、天生的長相、身高、體重、性向、才情……的話，它已經形成，何需追尋？所以諸位要了解，所要追尋的，是價值的觀念，不是事實的觀念，事實的觀念已經生成了，不必追尋，自我的追尋就是追尋「自我」價值的實現。這樣的價值的實現就是追求更高的自我。因為事實的我只是這樣子，但我不希望我的人生只是這樣子，所以要突破，但我不說突破，我要說「超越」，每個人追尋自我，面對人間世界的考驗，通過人間世界的關卡，就是自我的「超越」。

自我的追尋，要如何去尋呢？就在於自我的超越，我們可以從哲學的天人關係來談。自我的追尋就是「人」，自我的超越就是「天」。人生的行程不是平面的，我們希望擴展我們的腳步，希望每一個腳步都是新的，不是原地踏步，而且希望每一步都是向上的一步，代表生活領域的擴展，代表生命境界的提升，這樣的話，才是自我的追尋與超越。

我們怎麼把自我的價值實現出來呢？因為人的條件是沒有價值的，天生英俊聰明沒什麼好驕傲的，那只是父母把我們生得好，在荀子的哲學，天生是沒有價值的，人為才有價值，後天的投入、轉化才是價值所在，這叫「天生人成」。所以我們要走一條往上的路——由人走向天的路。不要慨歎每天同樣的上課、吃飯、睡覺，從這個事實來看的話，每天的我都是一樣的。人生就是要追尋不一樣的我，人生的歲月裡，每天是不一樣的日子，就在這樣不同的日子裡，我們在追尋真實的自我、價值的自我，它的可能性在於不斷的展開新的里程，不斷的讓自己邁向新的境界，這就是自我的追尋與超越，就是由「人」走向「天」。不要以為這很神祕，我講的一點都不神祕，天不是指天空，天在孔子來説很簡單，就是「下學而上達」與「知我者其天乎」，那時「天」就是我們的自己。《易傳》説「形而上者之謂道」，人生的道路就是形而上。任何名利、權勢、青春、才情都是過眼雲煙，當年我也和各位一樣年輕，一樣在教室上課，算一算二十五年已然過去，唯一可以交代的不是我已經過了二十五年，而是二十五年來我有沒有提升自己，有沒有自我追尋，自我超越，如果有的話，對二十五年才有交代，不然的話，二十五年不過是付之流水，「形而上者之謂道」就是這個意思。

【從內在尋求超越】

我這裡講的自我，與佛洛伊德所講的心理學三分的自我是不同的。佛洛伊德把我三分為自我、超我、本我，自我是意識中的我，超我是來自於宗教、傳統的權威教條或戒律，本我是本能的驅迫，即生理官能欲求的衝動。超我在下命令，而本能要衝出來，因為本能驅迫是盲目的力量，佛家叫無明，是盲目要求滿足的力量；超我則有很多禁忌，宗教、戒律、傳統、權威、教條叫你不可以這樣，不可以那樣，然而原始的本能好像來自萬古洪荒不可遏止的要求滿足，一個權威下命令，一個受到壓抑要反抗，因此在「自我」形成對抗拉扯，「超我」跟「本我」如果維持平衡，則「自我」是一個正常人格，如果對抗的話即可能產生憂鬱、狂躁，叫躁鬱症；嚴重的話，「自我」被「超我」跟「本我」各自占據一邊，則人格分裂。我所說的「自我」，並不是這個意思。我所說的「自我」，要在中國哲學的範圍內來討論，可分為形軀的我和心靈的我，所謂的「自我」是心靈的我，接近心理學所說的

「超我」，但又有些不同，因為它不是在我之上的道德律令、宗教戒律，不是在我之外有一個高高在上的權威在壓迫我、命令我，它就是我自己。這點是中國與西方天人關係極大的不同。超越的我可以是自我的追尋與超越，在中國哲學來講是既超越又內在的，老天、天理就在良心，天理是超越的，但是良心是內在的，所以不會對「本我」形成壓抑，因為超越的我就是內在的我，中國哲學叫「天人合一」，向天走、往上走就是往自己走，同樣的流程，我們在追尋自我就是在超越自我，因為自我就是超越的，在回歸良心時，事實上已走向天理，我們很少產生分裂的、壓抑的感受，所以中國文化產生「天人合一」的和諧。孔子說：「七十而從心所欲，不踰矩」，矩就是價值規範、道德標準，一般說來，接受規範就是不自由，比如國法、校規在規範、束縛我們，當你要從心所欲時就會違反規範、制度、法律，但是孔子說他在七十歲時就可以從其心之所欲而不違反客觀的規範，可能嗎？孔子的客觀規範能和主體的自由合一，為什麼？因為法律、規範是他自己訂的。如果是我自己立的法，就不會感覺到壓力，所以在完成自我的追尋、自我的超越時，就不會感到外在的壓力，因為那是我自己要的，是自覺的。所以民主化運動有它的大道理，讓每個人做自己的主人，讓他自己立法、自己守法。

【打倒傳統等於打倒自我】

所謂心靈的我是相對於形軀的我來說的，它是既內在又超越的，中國超越的我是指自己，並不是在我之上另外有一個我，那麼它跟誰反抗？五四運動希望打倒傳統，是不是中國人漸漸失去認同傳統的自覺，認為傳統是在我之外的東西，所以會壓迫我？如果我們認同是傳統的一分子，怎麼會反抗傳統？當然要繼承傳統，因為它就是我，怎麼可能反抗？反抗傳統等於打倒自我，打倒孔家店等於打倒十億的中國人，所以問題在於我們有沒有把自我向大我認同，這樣的話，傳統的追尋等於自我的超越；不然的話，一定非把孔家店打倒不可，因為孔家店在壓迫我。

我們說「自我的追尋」就是司馬遷所講的「成一家之言」。只此「一家」，就是要活出自己的風格來，不能在人群中迷失，老是跟著流行、時髦跑，等於沒有自己。所以我們要「成一家之言」，就在自我的追尋。成一家之言要通古今之變，古今不同，如何通呢？關鍵在「究天人之際」，不管古今有幾千年，都是人，古人今人當然不同，但每個人生命中都有「天」，是這個「天」讓你可以通古今的，是這個「天」讓你可以成一家的。假如落在「人」來說，則古今不同，人各有別，人我不能相知，千古很難通貫。古今通貫，人我相知，是因為每個人都有共同的天，所以「究天人之際，通古今之變，成一家之言」，真是千古名言。

從「成一家之言」來看，可以說太史公是個大文豪，從「通古今之變」來看，可以說他是大史家，但是我看太史公心裡一定認為自己是大哲人，因為他「究天人之際」。很可惜沒人說他是大哲人，如果他自己來選擇，一定寧願自己是個哲人，因為究天人才可以進入永恆，古今還是變動的，人我還是不同，每個人要邁向永恆，就是把生命中的天活出來，講天人之愛，所追尋的依據是人生命中的「天」，追尋人生命中的「天」就是實現真實的自我（也就是心靈的我），那個我就是超越，所以自我的追尋就是自我的超越。我們似乎在自我與天下間擺盪，有沒有可能又是自我，又是天下呢？有，又是自我又是天下的前提是大家都是生命中的「天」，每個自我都把生命中的「天」活出來，普天之下都是同樣的自我，那麼普天之下都是相知的朋友。我們現在的不同在於形軀的我對形軀的我，個別的歧異、衝突、對抗、傾軋於焉產生。如果天下是形軀的我組成，那麼天下很複雜；相反的，天下如果是心靈的我組成，那麼天下很單純，因為此心同、此理同。當四海歸心的時候，中國很單純，因為十億人口一條心，但是落在形軀的我時，種族、膚色、階級、地域、身分、地位等出身背景不同時，就產生很大的差異。

總結前面的意思，「一家」就是自我，這一家可以通古今是因為每個人生命中都有「天」，這是中國哲學的特色，我們很少把天跟人拉開；西方是把天跟人分離，「天」才成為信仰的對象。中國天人合一，所以中國的宗教信仰比較弱，我們沒有宗教信仰而有道德修養，把自己從形軀的我修出來叫修養，不必去信仰更高的上帝，修養我自己就好了，不必信祂，所以天人之愛表現在修養。

從「人」走向「天」

孟子說：「盡其心者知其性，知其性則知天矣。」儒家講的性是指心性而不是指生理官能欲求的性（現代人講性是指飲食男女之性，接近色，而這個色又不是佛家講的色，這些用詞變化很大，不可混淆了）。儒家講的心性是指通過我的心來說我的性，這個心是心靈的我，人性是指通過心靈的我來展現生命的光輝，所以只要盡心知性就知天，天—人這條路是通的。所以修養是修我的心、修我的性，修心養性是走向形而上的行程，一個人最重要的是修心養性，幾千年來儒家和佛家講的都是這個道理，佛家講明心見性，就是成佛的路，儒家講修心養性，就是下學而上達，上達於天的路。人之所以要修是因為有形氣、有物欲，所以養心莫善於寡欲，在孟子叫「養氣」，氣是中性的，要把它養到心的這邊，那時候的氣就變成「天地正氣」。因為把氣養到心那邊去，心通向天，所以「天地有正氣，雜然賦流形」，不要看不起英雄氣，英雄氣可以變成天地正氣。氣的層次本來不是很高，要把它養到心那邊去，層次才會提高，才會通到天地間。孟子說「浩然正氣」這是正面的說法，負面消極的說法是寡欲，「養心莫善於寡欲」，不要讓欲阻斷心，阻斷心就阻斷我們走向天的路，所以養心要寡欲，好像在天秤上，生命中欲太強，心就很弱，心養出來，欲就很少，所以養心莫善於寡欲，這樣的修養就可以走向知天的路，而不是光信仰天。

從「知」進到「不知」

何以自我的追尋與自我的超越是可能的？有很多的自我是很差的，怎麼值得追尋？又怎麼可能超越？這要通過中國哲學來了解。《莊子．大宗師》：「知天之所為，知人之所為者，至矣。知天之所為者，天而生也；知人之所為者，以其知之所知以養其知之所不知。」怎樣的人才是最高境界呢？第一，他要知道天之所為，第二，要知人之所為。講知天、知人就好了，何必要講「所為」呢？中國的天是動的不是靜態的，天要生萬物，怎麼可以不講「所為」呢？人也要成萬物，盡己之性，盡人之性，盡物之性，參天地之化育，所以人也要「知人之所為」。「為」是生動、生成的意思，老子講無為是要「為無為」，老天不是什麼都不做，而是所為的是「無為」，無為是自然的為，是無心的為。人生要同時知道天之所為跟人之所為才是最高境界，我們說究天人之際就是這個意思。

知天之所為就是天生，天的「為」就是「生」，所以孔子說：「天何言哉，四時行焉，百物生焉。」四時行、百物生就是「天生」，四時運行，萬物欣欣向榮，不正是天的生生不息嗎?道家看到「知天之所為者，天而生也」，也就是看到天所生的萬物、天所生的人就知道天。例如我們從兒女身上就可以知道他的父母，即從他所生的可以看到生他的人，而人是天所生的，如何知道天之所為，從人的身上就可以知道。因為人是天生之最靈。現在問題是如何知道人?「以其知之所知，以養其知之所不知。」這句話是關鍵。在道家來說，心有兩種狀態，一是所知，一是所不知，心可以知，也可以不知，所以《莊子．養生主》說：「吾生也有涯，而知也無涯。」知也無涯並不是好事，我們現在都解釋錯誤。知也無涯是說什麼都想要，既要爭名，又要爭利、爭權勢，這樣的人就是「知也無涯」。所以「知」是不好的，要「從其知之所知」養到「其知之所不知」。知的狀態就是我要很多東西，不知就是什麼都不想要，心流落人間的話就會想要抓住人間的名利權勢，所以「知也無涯」就是人生無涯的苦難。「吾生也有涯」，因為人生是有限的，所謂人生百年，這是個永恆的結局，現在問題是百年之內充滿了苦難，什麼都要，什麼都要競爭、什麼都要對抗、什麼都是壓力，所以「以有涯隨無涯，殆矣」。人生的路要「知人之所為」，人是通過「心」在做人，但心可能是「知」，也可能是「不知」的狀態，當我從「知」養到「不知」的地方，那時我就是「天」了。

所以一個什麼都不想要的人就很可愛，一個什麼都想要的人就是野心家，以今天的術語來說叫做「企圖心很強」（這是落在道家哲學講的，落在其他家派說法又不一樣了）。老子說：「知不知，上。」這句話千古不得其解，通過莊子就很容易理解，即通過「知」，養到「不知」，這是最好的，反之，「不知知，病。」所以《莊子・齊物論》有句話很好：「知止其所不知，至矣。」人的心止於他的「不知」是最高的，什麼叫做「不知」，即無分別心，禪宗叫「平常心」。知是有分別的，所以每次考試你就不快樂，因為你對成績的高低有分別。

舉個例說，春假時我到了昆明，帶了一千美金，只換了五十美金的人民幣，到回來時還沒用完，錢在那個地方看起來不是很重要，為什麼？因為沒有什麼東西好買。所以有時候我們對現代化會有壓力，對鄉土田園反而覺得像是桃花源、理想國，就是這個道理。我從大陸回來後，隔天馬上趕到豐原去演講，在火車上盡量不讓自己睡著，沿途觀賞田野風光，我發現到豐原的路上也很可愛，只是我們平時看不到台灣的鄉土田園，到一個旅遊的地方，把心情放下來，把責任放下來，突然覺得整個行程太可愛了。在台灣整天在上班、擠車，實在缺乏美感經驗，沒有那份悠閒的心情去觀賞台灣的美好，離開台灣以後，拋開責任壓力，突然覺得外面的世界很美，這對台灣來講並不公平，因為美不是在外面的風景，美在你悠閒的心情。那天我發覺台北到豐原的風景也很可愛，這樣的鄉土田園就是不知，它是無分別的，這時候在你觀賞的過程中，你看到的都是「天」，在大台北地區擠滿車隊人潮，各方擠來就是「知也無涯」，分別太多、壓力太多、苦痛太多，在欣賞田園風光的過程中，都無分別，都是不知。到了不知的地方，至矣，就可以停下腳步。在這裡晚上人家在加班，你敢停下腳步嗎？你敢不加班嗎？為什麼我一生老是在路上，停不下來呢？「至」在哪裡？莊子告訴我們，至就在「不知」的地方，無分別的地方。

老子說：「為學日益，為道日損。」為學就是在知的路上，知是每天要增加的，所以形成很大的壓力，所以我勸告所有的人，不要讓讀書成為壓力，當然要讀自己喜歡的書，使自己成長的書，但不要老是跟著別人讀書、讀別人想讀的書、讀別人正在讀的書，這樣的人看到書就會有壓力，所以什麼書都買的人等於沒買，什麼書都讀的人等於沒讀，我們不要讀天下人讀的書，做天下人做的事，那沒有意義。一定要回到自己，回歸自我。「為學日益」的學不是現在做學問的學，而是莊子所說的「知」，什麼都要跟人家比，什麼都想要，所以每天在增益，永遠停不下來；但是為道的人是日損，損是把為學那邊所增益的東西都損掉，是損去「學」的部分，不是損「道」，道怎麼可以損呢？為道是求道，求道就是要損掉「知」的執著與分別，所以「以其知之所知，以養其知之所不知」是最高境界，那裡是

「天」，人間是流落之場，天上才是根源之地，知天要通過人，但從人的身上看不到天，要等人把自己養到不知的地方去，他的身上才有天，所以莊子最後說「有真人而後有真知」，修到「不知」的人，才是真人。你看兒童天真，沒有很高的學問，因為他還沒有「為學日益」，也沒有「知也無涯」，所以兒童最單純，當他開始埋怨自己的家世背景、聰明才智不如他人時，他已失落了他自己的「天」，而流落人間，成了天涯淪落人了。所以真人的身上才有真知，老莊最喜歡講嬰兒，因為嬰兒還沒有受到人間的塵垢汙染，還沒有在人間流落，最單純、天真，就是天。

【從天下回歸自我】

我想引《老子》第三十三章做最後的說明：「知人者智，自知者明；勝人者有力，自勝者強；知足者富，強行者有志。不失其所者久，死而不亡者壽。」我們可以把人生的態度分為兩種類型：一是知人者、勝人者、強行者、失其所者、死而亡者（後二者為筆者所增列，以與另一類對顯）是屬於「知」的一類，是要打出天下，也就是流落人間的人；而自知者、自勝者、知足者、不失其所者、死而不亡者是屬於「不知」的一類，也就是回歸自我的人，追尋生命中的天。我們與其把力氣用在勝人，不如把力氣凝聚以自勝，不要以為把別人打垮就是強者，事實上你還是弱者，還是要靠打敗別人來支持自己，所以自勝者才是真正的強者。知人、勝人都是散落人間，沒有自我凝聚的力量。《莊子．逍遙遊》說「藐姑射之山有神人居焉」，又說「其神凝」，其精神專注、凝聚、單純，就是神人。但打天下之知人、勝人的才情、浪漫，都散落在天下而不見，如果能自我凝聚，才可以達到自我的追尋與超越。老子說「勝人者有力、自勝者強」，是很明顯的批判老要勝人的人，有力是很明顯的貶辭，強者屬於「自勝」的人。「知足者富」，是說知道「自我」本就完足，才是真正的富有，只要有求於人就是貧困，所以向外奔競爭逐的人都是貧窮的人。皇帝擁有天下，不見得是最富有的人，我看他最貧乏，因為他誰都不敢相信。誰都相信的人莊子叫「應帝王」，因應無心乃帝王之德，帝王本是天下最自由的人，而因應無心無拘無束的人，就是無冕王。這樣看來，道家人物恐怕都過著帝王般的生活。流落人間的知人、勝人、強行的人，都失其所（流離失所，失去安身立命的地方），回歸自然的自知、自勝、知足的人，不失其所（不走離道根德本之所，而自然就是我們安身立命的地方）。所以我鼓勵大家回到我們的童年，回到我們的鄉土、田園，回到傳統，因為在現代的十字街頭我們沒有家，童年有，鄉土有，田園有，傳統有。今天中國人的苦難恐怕就是失其所，因為打倒孔家店就注定了失其所，中國人不想做中國人，當然失其所，自己不想做自己，要去做別人，當然失其所，連自己都沒有了，如何在世界上活得安心呢？不失其所才會長「久」，知人、勝人、強行者是短暫的。死就是亡，如何「死而不亡」呢？如果我們心裡沒有分別、沒有壓力就叫「死而不亡」。中國解決生死的問題不是用宗教，在儒家死亡並不存在，我一直生，死亡就不會到來。雖然我年老，我兒子年輕，雖然我兒子也會老，但孫子又出來了，中國人不斷生下去，死亡就不會來臨，所以我們靠家族的「生生」，一代又一代的生下去，永遠不會死。道家則說死根本不存在，因為我根本沒有生，如何會死。如何不死？不生就不死，因「死」是自然現象，不會對我的生命構成「亡」的壓力，因為我們根本不執著生，死就沒有立足的空間。

【把缺撼還歸天地】

如果我們在人間流落，為了權勢、名利、股票的起落漲跌，我們停不下腳步，就會淪入剎那的生滅中。如果我們把自己養到「天」的永恆，就不會掉落剎那生滅的人間。通過儒家和基督教，人是把天地的愛引向人間，通過道家、佛教，人把人間的愛還歸天地，我以天地的愛來愛人間，同時要把所有人間的愛還給天地，而不只是把缺憾還諸天地。天人之愛講到最後就是齊物論，齊物論就是各大家派平等，用現代話來講就是各大教平等，道家的精神是道法自然，天地的愛是無心的，人間的愛也當一如天地，不然的話，我們在愛別人時，會以為自己很高貴、高人一等，別人都虧欠我們，所以愛的世界才會產生傷害和痛苦，當我們把人間的愛還歸天地，就不會有這些痛苦。我在愛人時不會有優越感，人家接受我的愛也不會有虧欠感，這叫愛的圓滿。我們的信仰是把天的愛引到人間，把人間的愛還歸天地，這樣一切都在天地間，講自我的追尋與超越，最後都在天地間，如此講宗教信仰與自我修養，就能有整體的和諧，不然的話，孔子、老子、釋迦、耶穌、穆罕默德還有得排名呢！

第3講：道家思想與EQ管理

【站起來、走出去】

首先，我想先套用李登輝總統所講的話。他在兩百多場的競選演說，他提出兩句話：一句是「台灣人站起來」，另一句是「台灣人走出去」！這是台灣兩大事。這五十年來，台灣人站起來了；接著，台灣要走出去。不只是台灣人，而是每一個人都要「站起來」、都要「走出去」；兩千三百萬人都要站起來，台灣人才有可能站起來；兩千三百萬人都要走出去，才代表台灣人走出去。我們千萬不要用一個集體名詞訴諸於群眾，而是要靠每一個台灣人。

「站起來」靠知識。台灣的經濟奇蹟並非光靠勤勞節儉、傳統美德，而是靠台灣幾十年的教育。我們的國民知識水平頗高；關於這點，到大陸的台商立刻發現兩岸的不同，重要幹部一定要從台灣過去，不然沒有可用之將。

「走出去」則靠道德。國際是否接受台灣，跟台灣是否積極參與國際事務有關。我們的外交部在這方面作了很多，支援很多開發中的國家；慈濟功德會也作了很多。所以，不要感傷說慈濟功德會沒有先救本島，而將慈善基金往海外救援；事實上，他們在提升我們的國際聲望和地位。我們要有這樣的品格、道德，我們才可以走出去，贏得他人的尊重。「知識」讓我們站起來；「道德」讓我們走出去。這兩者加起來，就叫做「競爭力」。兩方面的競爭力我們都要具備。

我們會贏得一點國際的支持，是因為台灣「總統直接民選」；這在全世界有華人的地方，台灣遙遙領先。我在新加坡參加一個大型的儒學會議時，在一次宴席上，聽到來自香港、新加坡和大陸的學者在痛批台灣的亂象、差勁；言下之意，台灣人都很惡劣。我立即提出嚴重抗議，我說，在全世界有中國人的地區，台灣遙遙領先。台灣在民主的路上，至少領先大陸、香港、新加坡三十年，他們還有一段漫長的路要走。儘管我們走得如此艱辛，但我們走出來了。這是代表台灣的品格、格調，所以我們會贏得國際間更多的尊重。

「台灣人走出去」不是靠航空母艦、潛水艇、戰鬥機，而是靠台灣的民主、法治。當然，我們要回過頭來反省我們的法治。我們是有民主，而沒有法治；新加坡和香港是有法治，而沒有民主；大陸是二者都沒有。「法治」可以透過高壓來貫徹，但「民主」是一步一步走出來的，真的是「一步一腳印」。這二者加起來就是競爭力。

【看得到、等得著】

但是，第三個我要加進去的是我通過老莊思想得來的體會——要「看得到」，要有「看得到」的眼光。已經「站起來」、「走出去」了，卻沒有「看到」，豈不冤枉！為什麼台灣人沒有看到自己的好？整個報紙都是負面報導，好像台灣人沒有明天。我所謂的「看得到」，就叫「包容力」。要「看得到」還要「等得著」——等自己、等台灣走過來，給自己也給台灣一個機會，不要那麼快就把台灣的民主進程判死刑。我看許多海外學者回到台灣來，一下飛機，就感受到台灣一股蓬勃的生命力，他們說，很少有這樣的地區，可以在街頭感受到蓬勃的生命力。

人生就像是一場耐力競賽，EQ管理就是要看誰能堅持到最後，沒有EQ管理的人就會先被打垮。有EQ管理他就可以化掉，可以「看得到」也「等得著」。

【ＩＱ是競爭力，ＥＱ是包容力】

知識力、道德力都是ＩＱ，是競爭力——比誰知識比較高、誰道德比較高。知識與道德都是可比較的，有比高下的意味。ＥＱ則不比較，是「包容」——整體的包容。ＩＱ是會把別人比下去的；ＥＱ很低但能力很強，會讓大家都受不了。每天忙著把別人比下去，於是痛失朋友，愈來愈孤立。我們之所以能和家人、朋友在一起，是因為有包容力，包容大家的缺陷、包容人間的不合理。有的青少年沒有包容力，很快就對這個社會放棄希望，不願意活在這個社會裡，二十歲出頭就放棄校園、家庭，走向出家的路；這是前些年台灣社會發生的青少年集體出家的重大事件。當然，出家是一種修行，但是他們是那麼年輕；或許是對人間街頭、對大學校園、家庭生活欠缺包容。

所以我特別說，ＥＱ是「包容力」；這是我的體會，純然是我通過老莊體會出來的。ＥＱ是不比較的；「道德」還是比的：比誰有修養、比誰的品格高。ＥＱ

則是一體的包容。我是台灣人，所以我包容台灣鄉土、台灣社會，好與不好都是台灣。這就是我對所謂EQ的界定。

希望大家不要把EQ當成知識。我看大家現在都把EQ當IQ處理，可以開一門課叫「EQ」、寫一本書叫「EQ」，以為讀了之後EQ便大為增長，這是不可能的，因為EQ不是知識。這樣的思考仍是台灣速成、狂飆式的思考，以為只要讀兩、三本入門書就會有EQ，但天下沒有那麼廉價的EQ。它要靠修養、修行、涵養，要讀一些經典，不論是哪一種宗教。這些經典代表著世界觀跟價值觀，有了世界觀、價值觀、人生觀，你才能「看得到」，看得到才能「等得著」！

依老莊及佛教的說法，這叫做「觀」；如「觀世音」，即看到人間的真相；「觀自在」，即看到人生的真情，表示你的眼光是世界性的、天下的眼光。但是，世界是從每一個人做起的。當我們「觀世音」的同時，我們要「觀自在」，不要每天忙著世事、被社會萬象吸引，唯獨忘了自己。所以「觀世音」要回到「觀自在」，但總說是「觀」；你要有世界觀、人生觀、價值觀，你要看得到。而這不是靠肉眼的眼力，必須要去配「功德眼」。這個「觀」不是指我們的「肉眼」，也不是指「心眼」；很多人有「心眼」，但他叫「小心眼」、「死心眼」，會把世界看小、把人生看死。各位不要小看人生觀，有怎樣的人生觀，就會活出怎樣的人生。

所以我們一定要有「觀」；有所「觀」才叫ＥＱ。ＥＱ不是知識，它一定要通過一個大教派、大哲學才能領會。你可以通過孔子來看世界、看人生，你也可以通過老子、佛陀、基督來看世界、看人生，如此你才會得到ＥＱ。這樣的ＥＱ是要我讀過經典後，每天實踐、修行的，如此「觀」才會與我同在，才能「觀世音」、「觀自在」，才能看得到、等得著。宗教就是給人世間最後的據點，其最高的領域是「包容力」，一定是「放下屠刀，立地成佛」；就像我們的家，永遠為每一個兒女打開家門，不管白天夜晚，都等著孩子回來，這才是ＥＱ。ＥＱ不是知識，而是大智慧，讀了很多書只是擁有知識；消化了以後，你能形成整套世界觀、人生觀、價值觀，能夠看得到真相、看得到真情，能包容缺陷、能等到未來。能夠如此的話，才是ＥＱ。我不認為書市熱賣就可以給我們ＥＱ，不過至少它引起我們的覺醒。台灣幾十年來講「競爭力」；今天我們忽然覺得痛失了競爭力，甚至要求內閣為競爭力下滑負責任。但我要告訴諸位，台灣所以痛失競爭力，是因為我們已然沒有包容力。因為我們的競爭力正好彼此抵消、相互抹殺。我們看不到國會的對話溝通，彼此砍來砍去，到最後都是落空。所以我們的競爭力下滑，並非因我們的知識力、道德力本身，而是因為失去了包容力。以前我們是一個團隊，從同一個鄉土出來，彼此間相互地支持、包容；現在我們失去了包容力，如此就變成自己內部的抗爭，這怎麼能在國際間有競爭力？所以今天台灣要重振競爭力，不是ＩＱ不如世界各國，恐怕是我們沒有ＥＱ。原來挽救、提升ＩＱ之道，不在ＩＱ，而在ＥＱ。

老人類、新人類、新新人類

今天的青少年叫「新新人類」，新新人類的父母親叫「新人類」，他們的阿公叫「老人類」。「老人類」的人生觀是「保守」的：守著傳統、守著鄉土，一代傳一代。再來是「認同」：認同傳統、認同鄉土、認同家族。因此，我們這一代在成長路上比較沒有衝突。所以現在的青少年問題我缺乏體會，因為我不曾為交朋友、為讀書產生很大的困擾；一路跟著父母、一路跟著老師，家庭和學校就是兩大成長的重鎮。街頭只是路過，街頭不是我們的世界，我們的世界只是家跟校園。

至於我的學生輩則算是「新人類」。「新人類」就比較叛逆，似乎要反傳統、要疏離。他覺得鄉土、傳統是你們老一代的，那是你們的、不是我們的，這叫「疏離」，他自己要走出來。

「新新人類」則是「顛覆」、「冷酷」。這個「顛覆」在今天叫「解構」，就是要將傳統的結構解開。這樣的顛覆最有代表性的就是瑪丹娜；因為她「內衣外穿」。從某一個意義來說，恆述法師亦是顛覆；她讓佛教變得很輕鬆自在、有趣味，這對佛教的莊嚴性是一種顛覆。像清海也是一種顛覆，修行人可以穿得如此漂亮，極盡豔麗之能事；對此我並沒有貶抑之意，只是認為這是一種顛覆。乃至於妙天和宋七力，他們對宗教也是一種顛覆；因為宗教並非像他們所表現的這樣，這純然是「市場供需」問題：你覺得沒有安全感，他就給你「蓮座」叫價三十萬。但宗教信仰是要安心、修心、清心的，講自在的，卻被商品予以顛覆。

青少年用「不在乎」來保護「在乎」

我們現在都說青少年的「酷」是「受不了的酷」。這句話從哪裡表現出來呢？就在「不在乎天長地久，只在乎曾經擁有」這句話。這本來是句廣告詞，卻似乎說出了青少年的心聲，反映了時代的脈動。父母親會老、會死，所有的希望都在新生代；但他們卻只在乎曾經擁有、而不在乎天長地久，請問阿公阿嬤跟父母親的希望在哪裡？整個中國傳統是靠代代相傳，突然間這一代拒絕接棒了，而喊出「我要顛覆」、「我倆沒有明天」，令阿公阿嬤跟父母臉都綠了。這就叫「酷」啊？

青少年說他們不在乎，事實上我認為他們在乎；他們只是用「不在乎」來保護自己，「又期待又怕受傷害」。這個社會充滿變數，沒有人知道明天會如何。所以他們先宣布「不在乎天長地久，只在乎曾經擁有」；我擁有的此時此刻，每一分、每一秒都是真的，「明天」在我的思考之外。他們用「不在乎」來保護他們的「在乎」，這樣就叫「酷」，就是把自己的真情「冰封凍結」。

我在北一女教書的時候，看到有些學生，明天就要模擬考了，她整天不讀書，連趕三場電影。我覺得不可思議。後來我才了解，原來這樣的話，她就不必背負明天勝敗之責，因為她沒有念啊！「沒有念就表示我不在乎；沒有考好是因為我沒有念，所以我沒有輸！」老師和父母親一定要這樣來解讀青少年的心情故事，這才是所有作老師、作父母的EQ。你一定要能夠解讀，要能夠破冰解凍，來看出一個青少年活躍的生命。

只是，我們的社會不太給安全感，逼得他們要宣布「不在乎天長地久」。整個社會充滿了不安定感，不光是土地跟股票，台灣是有永遠的不安定感，因為有一個大陸，這是我們的宿命。所以有人喊著一定要獨立，獨立之後就永遠將恐懼感及瓜葛斬斷，否則不安定的因素永遠從對岸來。你可以發現台灣不只是島國心態，而是有著在一個大國強大軍力陰影籠罩下，所產生的生命的不安感，那是很內在、很深層的。所以，當覺得自己活得不好，要給自己一點同情；因為全世界只有台灣有如此的處境。

台灣現在的青少年問題是「兩代問題」，包括大陸、香港、新加坡也是如此，父母親已經影響不了自己的兒女。但中國的傳統是父母傳給兒女、代代相傳；假定這條路斷掉，對中國人是很傷的。假定我們都是西方式的基督徒，那這問題可以解消；但我們那麼中國、那麼台灣鄉土，我們總是代代相傳的，但是現在傳不下去了。

新女性運動

除了兩代問題，還有一個「兩性問題」。「新女性運動」顯然是這一、兩年來，在台灣社會脈動中最有代表性的。「兩代問題」是青少年向父母、學生向老師要求自主的權力；新女性運動順著這個思潮，是女性向男性要求自主的權力。在我的感覺，新女性運動也是「受不了的酷」。新女性運動本來代表一種弱勢團體，等待男性的支持；弱勢團體應該用柔性的訴求來感動男性。但現在新女性衝到街頭示威遊行，「威」是強勢、是威武。「弱」勢團體示「威」遊行，這是另一種「酷」；你本來是「弱」，但是以「強」者的姿態出現。包括殘障團體、救援雛妓團體，各種弱勢團體走上街頭，讓台北市癱瘓，展現它的威力，這樣才會引來天下人的眼光。

本應是「弱」，但是以「強」的姿態出現，這就是「酷」！而且他們喊出一句口號：「只要性高潮、不要性騷擾。」這句話引起很多的誤解、很多的抨擊。就我的了解，提出這一句激烈的話只是為了引人注意，不然你沒有感覺。這也是一種示威，因為傳統沒人敢說「只要性高潮、不要性騷擾」，藉此對男性提出嚴正的抗議：女性本身是主人，不是附庸；所以她提出了一個詞語叫「情欲主體」。「情欲主體」是一個人權觀念，每一個人都有人權，在情欲的世界，女性也有人權。這句話便是要求女性自主權，只是她往性解放的時代方向訴求而已。

所以，「只要性高潮」的意思是希望追求兩性平等；「不要性騷擾」是和男性畫清界限，這是為了追求兩性平等。所以目的是在追求兩性平等，跟男性畫清界限只是策略。我害怕大家就往策略上去強調，而遺忘了原來的目的：新女性運動是要跟男性和諧，是要兩性和諧、兩性平等，創造一個兩性雙贏、更美好的世界。但是，大家卻多往「性高潮」方面去講風涼話，這是最差勁的男性。我們要懂得解讀新女性運動的心情故事，怎麼可以用風涼話來解讀？在這樣的策略運動中，我們一定要把它導回平等主義、兩性和諧。

所以，新女性運動也是「冰封凍結」；弱勢團體示威遊行就是把真相凍結起來，青少年很在乎卻假裝不在乎就是把真情凍結起來。今天我們要能解讀屬於青少年和新女性的這兩大運動，要能解讀他們的心情故事，不要忘了其實他們還是很在乎。這樣的解讀才叫做EQ管理。不然的話，真情不顯、真相不明，整個社會運動看不到真情和真相。假定你沒有足夠的智慧可以解讀他們的心情故事，那麼，青少年運動和新女性運動可能一去而拒絕回頭。

解讀心情真相

我們一定要去解讀青少年、新女性的心情故事，因為他們在隱藏真情、隱藏真相。為什麼隱藏？因為害怕受傷害。所以他們心中最熱的情感卻以最冷的姿態出現，就像青少年的「酷」；最弱的以最強的姿態出現，這是婦女團體。這是一種掩藏，真情、真相冰封凍結，這樣才不會受傷。但是問題並沒有解決，他們的委屈還在。假定你不能破冰解凍，讓真情顯現、讓真相大白；諸位想想，我們的希望在新生代，他們那麼「酷」，那我們的希望在哪裡？這個世界一半是女性，女性那麼「酷」，我們的希望在哪裡？所以，EQ管理不光是控制自己的情緒，讓自己的心情平和；最重要的是解讀對方心裡的委屈，看到他的寂寞、他的難堪，不要讓他悲壯。委屈太久會「悲壯」，悲壯的結果是「壯士一去兮不復返」，悲壯之後是「決絕」；也許是流浪，也許是自我放逐，也許是不要這個人世間了。我們所要解讀台灣社會的兩大文化現象：這是屬於新新人類與新女性的自我告白，冰封凍結是表相，看來比較有安全感，為的是保護自己。問題是他們就像一座活火山，暫時平息，不知何時爆發，一爆發就是整個社會的大難題，現在青少年飆車就是一個例子。所以我們要用ＥＱ、用「觀」——世界觀、價值觀—看到他們的委屈、難堪，避免他們走向悲壯跟決絕。想想看，當女性不要婚姻、不要家庭時，社會將以何等面貌出現？

【有點黏又不會太黏的ＥＱ管理】

台灣社會的ＩＱ沒有問題，缺乏的是對別的黨團、別的流派、別的團體的包容。所以，有ＩＱ還要有ＥＱ。只有ＩＱ沒有ＥＱ，這叫「嘸Ｑ」：有ＩＱ又有ＥＱ，這叫「有Ｑ」。什麼叫「有Ｑ」？就是「有點黏又不會太黏」。以前燜米飯不像現在用電鍋這麼容易。我們的阿嬤、媽媽燜米飯是要看工夫、要恰到好處，要把它燜熟、燜透，每一粒米好像要跳脫出來，這叫「有Ｑ」。若是新手去作，則會半生不熟，這就「嘸Ｑ」了。我們認為ＥＱ管理就是要「有Ｑ」，我就用「有點黏又不會太黏」來界定EQ。

EQ就是要「有點黏又不會太黏」；要「有心」：有愛心、責任感、理想性，有那一份關懷；但又要「無心」，不要那麼在乎。「有心」就是老實地作好人、好事，好子女、好父母、好學生、好老師，或好公民等所有的「好」，這是「有點黏」，就是放在心上，人生就是如此，就是作人、交朋友、工作、參與社會；但又要「無心」，不要有太大的壓力，擔負整體成敗的緊張。這叫「又有心又無心」。老子認為，「道」又有又無；道生天下萬物，這是「有心」；道又放開天下萬物，給它們自在，讓它們各自發展，這是「無心」。我相信天下的父母也應該如此；又「有心」的愛兒女，但又「無心」的放開兒女，讓他們去走他們的路；天下的老師都愛學生，又讓學生發揮他們的專長，讓他們走出自己的空間。這就叫「又有心又無心」。

平常心——有心、無心的會合

「有心」、「無心」加起來叫「平常心」；「平常心」就是「有心」、「無心」的會合。「有點黏」，即「有心」；「又不太黏」，我隨時可以走開，不會被黏住，亦不會黏人。試圖把對方黏住　套牢、抓住，他受不了，只有一個結果就是他離開你，因為離開你他才得救、才解脫。所以很多父母逼兒女離開自己，很多先生太太之間互相逼對方離開自己；而我們竟然不知道，還覺得好心沒有好報。

所以兩邊都有，這叫「平常心」。不但「有心」，而且是「常心」；我的心永遠在他身上，這叫「常心」，不是短暫的、波動的，不是心情好才對他好，而是每一天都對他好，分分秒秒都一樣，這才是「常心」。愛心一定是「常心」，「天下父母心」一定是「常心」。但是，因為你的心都在他身上，就像投資、下注一般：「我全部都給你了」、「媽媽的青春都給你了」、「爸爸一生的希望都給你了」，……這是「常心」的人常有的反應。所以，現在的青少年承受到所有的父母、老師及整個社會加諸在他們身上，要他們成功立業、飛黃騰達，像那樣的無邊壓力。

所以，現在的學生和兒女有逃避老師和父母關愛的傾向。他們心裡有一句話：「老師，可不可以請你不要那麼愛我們」、「媽媽，可不可以請妳不要那麼疼我」，因為我們知道「愛」是「痛」；「痛」有兩個意思：一個是「疼你」，一個是「扁你」。因此，「常心」一直在那裡，壓力就一直在那裡。

所以EQ還要隨時「無心」，隨時把自己放平，不因為我們那麼愛他而認為自己神聖、偉大，然後等待他用好成績、用出人頭地來回報。台灣每一個人都很好，出人頭地有那麼容易？你一定要把你的常心用在那裡，但又要全部放平；放平之後，才會同情兒女的辛苦，你才能包容他，同時「看到」他。包容他可能的不好，但同時你會看到他的好；他或許沒辦法考第一名，但是他善良、善體人意。

因此，ＥＱ是能起死回生的喔！在ＩＱ的世界，因為大家的競爭，抹殺了很多人。在競爭的路上是看不到別人的，相互抵消、彼此抹殺，把對方比下去；突然間，覺得校園、人世間那麼不可愛，所以那麼多人逃學；連家裡也互相比來比去，比到每一個人都蹺家，因為離開家、離開校園才能得救。如此則相互抹殺，大家的不好一起出來。如果只講ＩＱ，就是「我比你強、比你厲害」，但第一名只有一個。籃球場上的最佳球員只能有一個，是馬龍還是喬丹？我們還期待張德培的網球賽永遠第一，這是否對世上其他很優秀、可敬的選手不公平？

所以我們要放平。放平以後，便可以包容他的缺陷，而且平心靜氣；就可以放下非要天下第一的包袱。如此你就可以等他，等待他生命的蛻變，就像《莊子．逍遙遊》所說，一條大魚轉化為一隻大鵬般，飛往九萬里的高空。中國章回小說喜歡說：「龍種本非池中物，終必凌雲上九霄。」但你要等他，要有耐性等孩子走出來。要把心放平，會給出空間，才會等得著、看得到。

希望大家要好好地了解什麼是「平常心」。「平常心」是又「有心」又「無心」，這是很不容易的，這要「天道」才作得到。要有道行，要去閱讀經典；讀了經典以後，才能如天道、佛陀、基督般，既有心又無心。

「平」不是平凡，而是把自己放平、放的「無」：「儘管我很好，我忘掉我的好」、「儘管我很辛苦，我忘掉我的辛苦」，你一定要忘掉你辛苦，不然會變成兒女的壓力。

很多父母喜歡辛苦給兒女看，更嚴重的是「難看」給他看：你看我蓬頭垢面，都是為你喔！好像越苦越能證明「我是媽媽」、「我是老師」，對不起，那只是「苦行僧」。請不要作苦行僧，應該要作自在人。

「酷」是為了解構、顛覆

我們又說到「酷」是要「解構」、顛覆。本來家庭有一個結構、社會有一個結構、人際關係有一個結構，構成整個團隊、整個鄉土。「酷」就是要解開這個結構，因為被納入結構便會受到束縛：人際關係是天羅地網；代代相傳是責任承擔的使命感。為什麼他們要「酷」？因為他們承受不了那麼大的壓力，所以要解構。他解開的方式是「冰封凍結」；把真情凍結起來，就不必承受那麼大的壓力——解開壓力就是解構。現在我所說的EQ，是從我們自身作起，更能包容缺陷、放平自己，他就不必承受那麼大的壓力，他就不必解構、無需顛覆，因為父母、老師已經先把自己顛覆了。

所謂「顛覆」是人民顛覆政府、學生顛覆老師、兒女顛覆父母、女性顛覆男性。如果男性、父母、老師、政府都把自己放下來，然後那些社會運動就不必「酷」了！就不用凍結真情、冰封真相，不用冰封凍結，因為他們不必顛覆了。不需要顛覆，他們自然就歸隊了。有EQ管理就是讓兒女、青少年、學生、女性歸隊，讓人民歸隊了，因為這是大家的台灣、兩千三百萬人的台灣，不是少數人的台灣！

為什麼人家要「酷」、要顛覆？就是因為你權威存在，他沒有出路；唯一的方式便是「我不要了！」然後就是走上街頭、飆車砍人！飆車砍人形同自殺；新生代是我們的希望，怎麼會走上自殺之路？女性永遠是一家之主，無論是女兒或媽媽，人世間溫柔、溫暖是從她們身上出來的，你怎能讓她們走上街頭？不是她們不對，而是為什麼我們讓她們走上街頭？為什麼我們讓青少年飆車砍人？為什麼我們讓他們不要我們？所以他們要「酷」、要顛覆。

我們不要等他們顛覆、我們自己先解構。我放平自己；我是老師但又不是老師，我是學生的朋友；是父母又不是父母，我只是陪伴兒女長大。擺師道尊嚴的時代已遙遙遠去，我們一定要放平自己，作他們的兄弟、姐妹、朋友，他們才給我們一點「恩寵」，讓你可以陪他長大。不要等人家來顛覆我們，自己先把權威解掉。我們希望北京方面也能懂得這個道理，因為中共一直是台灣的負擔跟壓力。

【自我放逐與自我膨脹】

我們的結構都是在心裡構成的，比如我的世界觀、人生觀等。這個「構」是通過心而構成的，所以我們稱這個構成為「心知」——心裡面的知，就是心裡面的一個價值評量表。我們拿「執著」來說，比如：「我的孩子一定要最好的」、「我希望我的孩子是最好的」。你可以把最好的給他，這是「有點黏」；但不要希望他成為世界最好的，這叫「又不太黏」。你心裡若構成一個理想的圖像，這便叫執著。執著產生「分別」，分別產生「比較」，比較產生「得失」，得失就會「患得患失」，這就是人生的大患。

執著又帶來「痴迷」，迷就會熱、發燒、狂熱，最後就會燒成灰燼，然後就冷了，這就是冷酷。你能想像，在日本有一個十四歲少年以極為殘酷的手法殺人嗎？你能想像一個爸爸將四個兒女綁在一起用汽油燒嗎？這是什麼世界？這顯然是一個病痛；是經過怎樣的心路歷程，將其逼到冷血、沒有人性的地步？此外，執著也會「牽累」。牽久了也會很累、會困苦、會感到厭倦，你便會有逃開的想法。逃避到最後變成「棄絕」。

我這樣的分析，都是從我們心裡的結構來的；我們的心裡結構成一個心的圖像，我用它來評量一切。這樣的一個心中的執著，就是痴迷、狂熱、冷酷。「痴迷、狂熱、冷酷」這條路叫「打天下」的路；你太愛了、太熱了，到最後不擇手段去破壞而傷害別人，這叫「冷酷」、叫「打天下」。你因為執著、牽累、困苦、厭倦，最後逼到逃避、棄絕，這叫「自我放逐」。

在精神科方面有所謂的「躁鬱症」，來自於壓力太大。患得患失那個「患」永遠籠罩在我們心頭，不光是「失」的人患、「得」的人更患，越得的人越患。這個「患」會造成兩個結果：一個是從執著到痴迷、狂熱、冷酷的打天下，這條路叫「自我膨脹」。自我膨脹是「躁」；自我中心，好像自己是超人一般，要打垮天下、逐鹿中原。另一個是因執著而牽累、困苦、厭倦、逃避乃至棄絕，這叫「自我放逐」。自我放逐是「鬱」，落石自我悲憐的氛圍中。

諸位想想，原來人心執著所帶來之得失的壓力籠罩，會將我們導向自我膨脹的「躁」，或自我悲憐的「鬱」。「自我膨脹」是對天下宣戰；日本那個十四歲少年就是和天下宣戰。「躁」、「鬱」皆是大患。我們對這樣的人要有所同情，我們的EQ要同情到這裡；為什麼台灣人生病了？心的病從心結來，心結又從何而來？因為你的執著。因你的執著才產生心結、產生病痛。

【自我解構——解消內心的執著與負累】

心病要用心藥醫，所以我們的「解構」是要每個人解構，把自己心裡的執著解掉。在《老子》來說，就是：「吾之所以有大患者，為吾有身；及吾無身，吾有何患。」「有身」就是執著我自己、自我中心，這就是「大患」。所以一定要把自己放下；我不一定要是最好的，我只負責活出我自己，我不要跟別人比。

把患解消就是真正的EQ，才會安心、自在，不然每天都活在恐懼中。EQ就是解開自己的心頭大患；心頭大患就在於「自我中心」，逼自己去打天下，逼自己每天和別人比、而且要將他比下去。但世界上比我們好的、值得我們尊敬的人很多，比到最後，不是傷了別人就是傷了自己。「打天下」是傷了天下，自我放逐是傷了自己。所謂的EQ就是要解構，解開心頭的大患，把自己放下，不要如此痛苦地背在身上。

最後我們舉個例子：「庖丁解牛」——這是《莊子．養生主》中的故事。「解牛」，就是解天下的結構。天下的結構很複雜，但人一定要活在人的世界，這麼複雜會通不過的。所以莊子藉「庖丁解牛」告訴我們人生的道行和修行。人一定要把人間世解開，這就是「解構」——解開人世間的結構，不然到處都是重重關卡，你過不去的！所以你要解開這頭「牛」、這些關卡，才能通過。

人要用什麼通過呢？莊子說，我們的心就像一把刀刃。庖丁用刀來解牛，但牛體有骨頭、有筋肉交結的地方，你用刀去切割、去砍斲，刀便會磨損；這代表了我們受傷。我們該如何通過呢？莊子發現：「刀刃無厚而牛節有間，以無厚入有間，可以游刃有餘。」牛的骨節間有空隙，只要我的刀刃沒有厚度，我就可以通過，這叫「游刃有餘」。也就是把自己放平、側身，不僅可以通過人生關卡，還可以在其中「觀世音」、「觀自在」。如此人生便像一場美好的人我交會的情節，大家都可以通過。因此，莊子本來是要解開天下的結構，但最後他發現，答案就是「解開自己」。

同樣地，你不能把台灣解掉，若是台灣解掉，那我們要活在哪裡？我們豈不是變成海上難民？你可以解掉台灣的政治、社會、法律、經濟嗎？那我們就無處可去了，畢竟這裡是我們的家園、我們的鄉土。今天我們講EQ，請不要解開台灣，而要解開自己。不要自我悲憐，自我悲憐會委屈、悲壯、決絕；也不要自我膨脹，如此則會狂熱、冷酷，到最後衝向社會、飆車砍人！如何解開天下的困結、難題？只有解開自己、把自己放下。

所以EQ是解構，是包容缺陷，等他走過來、等台灣好過來。這才是我們最大的EQ、成敗的關鍵。台灣人能否有EQ走過歷史的關卡，這是很嚴重的考驗。尤其香港回歸大陸之後，下一個問題逼向台灣。我們要有EQ，要給自己空間，給台灣機會；不是打垮台灣，而是解開自己。這才是真正的EQ，由「解構」走向「重構」。

第4講：

心中有道、回家有路

有一年暑假，我到美加走了一趟，一路上皆住親戚或是學生家，因而知道海外華僑不管工作多忙，每天一定要收看一天只播半小時的台灣新聞，從兩岸互動到政經局勢，每件事都讓他們十分關心，令人強烈感受到這就是對「家」的認同——人在異國，心繫家鄉。

在東方人的世界及文化傳統裡，「家」，有一個極特別的意義，不但是我們「出生的地方」，也是「最後要回去的地方」。

【家是最後要回去的地方】

每個人這一生不管去哪裡，最後總是要回家，尤其是遊子倦遊歸來，「家」就是他的根土，所以中國人說到「家」，頗有一些宗教上的意義，指我們打哪兒出來，最後也要回到那兒，落葉歸根。所以「家」亦有「最後所在」的意義。

故而人在異國他鄉，心仍是在家的，因為它是「最後」的地方，也是「最高」的地方；是我們的安全感、我們的愛，我們一生的理想，皆從此處出發，因此我們把這最後的地方叫做「終」，而最高的地方叫做「極」，「道」就是「終極」原理，如上帝、佛陀一般，是至高無上的價值根源！

所謂「心中有道，回家有路」，就是說不管任何時候，我們在外遭遇挫折、難題，都可以回去，同時獲得家的庇護，因為「家」永遠是為每一個人而開放的。但是，回家如果只是一個形式，而沒有「道」的話，回去也沒有什麼意義，因為「道」就是親情、愛心、溫柔、體貼、感動和生命，一個家若是沒有它們，還能叫做「家」嗎？

「家」的意義都沒了，人要怎麼回去呢？所以我認為：「心中有道，回家才有路！」若是少了「道」，「家」也就不成家，就好像我們走在台北街頭，漫無目的，不曉得何去何從一般，雖然「路」很多，卻沒有一條是自己想走的。只有當我們決定去走某一條路的時候，它才是有價值的路。所謂道路，就代表我們的理想和追尋，如果光講「路」而不講「道」，一定造成交通癱瘓，行不得也。

兩岸問題如此，夫妻、親子、同學之間相處也是如此，你走你的陽關道，我走我的獨木橋，彼此之間還有什麼好談的？

【人生一定要有路可走】

人生一定有路可走的，但什麼樣的人生呢？人生有幸與不幸，和你出身成長的家庭父母有直接的關聯；我們的命是父母生的，我們的身高、體重、長相是父母遺傳的，氣質、性向是家庭塑造的，這就是「命」，是天生即已注定的；但是還有後天的「運」，讓我們有機會扭轉命運，對生命做一個好的運轉，所以儘管我們常說「命運」，但重點在「運」而不在「命」。

每個孩子剛出生時，都一樣的天真可愛，不一樣的是他們的父母，及父母日後對他們的教導。因為做父母是一生一世的，不只是先天上賦與孩子的「命」，而且還要引導孩子怎麼「運」轉自己的成長之路！

因此，古人所謂「天地之大德曰生」是認為人生最艱難的任務是生兒育女，一生下來就是一輩子的責任，而真正的修行道場即是「在家」，「家」即是「道」！身為父母，唯有通過生兒育女的這種考驗，才能修成「天地之大德」的正果吧！

我們會老，可是兒女會成長，由於兒女的成長是分分秒秒在進行的，因此父母應陪伴在他們身邊、全力照護。

【肯定自己所做的事】

有次搭計程車聽到電台主持人說，一位太太本來在某事業單位表現不錯，並已當上主管，生了兩個兒子後辭職在家當全職媽媽，最近覺得身體不舒服，上醫院檢查結果正常，原來是她因家事過於勞累而有「為誰辛苦為誰忙」的感慨，導致全身不舒服，這也是許多全職媽媽常見的心結。

其實，做一個母親與家庭主婦，最重要的就是，要肯定自己所做的事是全世界最值得做的，絕對不要以為我只是家庭主婦，每天只有做家事，沒有成就感與挑戰性，好像只有出去上班才能發光發熱，回到家庭，生命就失去了舞台與空間，而感悵然若失！

所有的太太與媽媽，千萬別再質疑與恐慌，一定要建立自信，相信自己所做的事情，是全天下最值得肯定的事。因為天地的大德也不過是「生」，而媽媽們在家中，不僅完成了「生兒育女」，而且還是一個家庭的中堅力量，母親之偉大，甚至可以媲美「媽祖」了！如果媽媽是媽祖，爸爸是師父，那兒女就是小菩薩、活菩薩，你要不要回去好好的修行、膜拜他們呢？所以家是最高貴的地方，也是最嚴格的考驗。

【愛與痛為一體之兩面】

我為什麼說「心中有道」，而不說「心中有愛」呢？愛到最高點，一切好像就沒問題了，可是，當我們講「心中有愛」，一定得面對「愛」的後遺症，那叫「心中有氣」，一肚子的氣在裡面冒火，這是因為愛。因為愛是最高貴的情操，值得我們一生去追尋：我們愛父母、愛先生太太、愛兒女……，我們也可以愛鄉土、愛兩岸、愛世界，但是這種愛很難修成正果，因為愛底下有「氣」，我們的愛是通過「氣」來承擔與實踐的。

如果你說最愛他，可能就是最氣他，因為我們對所愛的人往往會生最大的氣！所以閩南話說愛就是「疼」，其中一個意思是「疼愛」，另一個意思是「疼痛」；所以愛就是痛，最愛就是最痛，也就是台語流行歌曲所唱出來的「你是我心中永遠的痛」，這個結、這個痛，有時會大到毀壞原來的愛，所以我們會講氣話，讓愛被氣壞了，所以當人世間出現親子、夫妻、兄弟、朋友等之間的一些困擾、難題時，請不要懷疑「人間是否還有愛」？因為所有的愛都要通過氣的考驗，有時不是我們沒有愛，而是我們承受不住，而生自己的氣！

比如女兒還小時，常常半夜醒過來哭，當時我因為白天、晚上都有課，便受不了她的哭鬧，就帶著棉被到樓下打地鋪睡覺。其實我平常是最愛她的，每天都要帶她去外面「秀」，讓大家知道我有一個可愛的女兒，可是晚上兩、三點她哭鬧，我就受不了了，所以，愛就是要承受「氣」的無情考驗，越愛就越氣、越疼就越痛！「心中有愛」實不如「心中有道」，讓我們把這個「氣」放下來，心平氣和，愛才會出來，人也才會修成正果。

【愛之有道，周行而不殆】

天下最需要修養的人，即是為人父母者。所謂「天下父母心」並不是從天上掉下來的，而是在人間修行得來的、在家中的道場修練出來的。

所以，我們問問自己，人間有怨恨嗎？我們真正心裡面只有恩和愛，何來怨恨呢？它本來是不存在的，它是來自於恩愛的不圓滿跟遺憾。就好像人生最大的難題，就是兒女出生，此後，做父母的就失去自由與自我的天空，每天都被奶瓶、尿布包圍，本來是愛他們的，後來變成恨他們；本來是恩，後來變成怨，也累積成對婚姻的不滿、對兒女的不滿、對整個家庭的不滿，造成愛的變質。

如果光講愛，難保不會變質，不如講「道」。因為愛會變質，造成愛不下去的結果，會厭倦、逃避、棄絕，甚至想讓對方消失，所以假如沒有了「道」，愛就是人生最大的苦難。莊子說：「愛之適足以害之。」就是說愛他反而變成害了他。

什麼叫做「道」？老子說「道」有兩大意涵：一為「獨立不改」，一為「周行而不殆」。天道永遠不會改變他自己，所以為人父母者要獨立不改，要好好愛自己，不改天真、浪漫與理想，在兒女成長的路上，我永遠是我，要先疼惜自己才能疼惜兒女，而不是人到中年才發現自己已經不是以前的自己，因而發生恐慌及失去自信。

什麼叫做「周行而不殆」？就是陪著他走全程，不殆就是不停，不改就是不會變質，原來愛永不止息就是因為「有道」——我永遠是我，一生不改我的本色，一路走來，我還是我，我的理想、情意、感動，永遠是原來的我，我的感情都在那裡，我是真的，這就是自信。

【家即是天下父母的道場】

如我所說「家是道場」，最需要修行的是父母，這樣的修行過程就是「在家、出家、與回家」。「在家」就是家事、家計、家累，苦難的家，做不完的家事，這就是「在家」。所以在家就變得很庸俗、牽累、苦難，那怎麼辦呢？

接下來的「出家」是修養、修行的意思。比如媽媽在先生上班、兒女上學後，暫時從「家」走出來，走向一個義工、慈善或成長的團體，從中得「道」。媽媽成長之後，回到原來的家就會不一樣了，因為做媽媽、太太的已經「心中有道，回家有路」，她獲得成長，不再覺得自己什麼都不是，如果只是為先生、孩子忙，心中就委屈了！

所以「在家」、「出家」與「回家」是修練的整個過程，「在家」是現實的家，真正的道場在廚房，那我們還得要「出家」，走出一條成長的路，生命才會有伸展的空間，心中也才會悟「道」，然後再把「道」帶回家，才是真正的「回家有路」，所以這樣的三個進程，「在家」是見山是山，見水是水；「出家」是見山不是山，見水不是水；「回家」是見山祗是山，見水祗是水。山水依舊，但是山水筆觸下不再是原來物質性的山水，而是精神性的山水畫囉！

每個人都須經過三階段的成長，從「我就是我」、「我不是我」達到「我更是我」，希望就此能讓天下的父母、兒女和天下的先生、太太都學習「在家」修練，讓自己融入家中，成為家裡的一份子，再各自「出家」去外面學習成長，最後把成長的成果帶「回家」一起分享，從而修得人生的正果，這就是「心中有道，回家有路」最圓滿的結果了。

第5講：

水窮處即雲起時

「窮」處正是「起」時

人生是很難説的，山窮水盡疑無路，柳暗花明又一村。漫漫長路，每一個人都要走全程，人生是「行」走一生的歲月，在重要的時刻才「坐看」，就像在宗教修養裡面，你需要漸修，一步一步地修行，才能夠頓悟。頓悟不是天上掉下來的，頓悟是在人生的修養進程裡，投下的心力所積累的功德，最後你才「坐看」。所以我們要先行走，然後才有坐看的美景，這是第一個意義。

第二，行到水窮處的「處」所講的是一個空間點，坐看雲起時的「時」是一個時間點。眼前看起來無路了，但是人生百年，沒有人規定我們要在這三兩天內把大事做完，我們要以時間換取成長的空間，不要把自己擠壓到只剩下一個點，扼殺了自己無限的生機。

第三，水窮之後雲起。有時候，窮盡處剛好是生命再起的地方，危機就是轉機。最不好的情況大概就像現在這樣了吧，但我們還是在人間行走，青少年也還在讀書，台灣社會不是人人都還在打拚創業嗎？生命力永遠在這裡，水窮的地方，同時也是雲起的時節。人生有時候要面臨某一種困境，才有覺醒的動力，生命才有重大突破，苦難跟憂患剛好就是逼我們更上一層樓的契機，因此，水窮處就是雲起時。

第四個意思是，「窮」是終點、終站，而「起」是起點。很多時候，走到終站了，大家好傷感，怎麼走到盡頭走到終站了，但這時候不要忘記了，那是下一個階段的起點，是高層次的、轉變的關頭。

總而言之，天無絕人之路，我們看起來好像處在「水窮處」，可是這也可以讓台灣好好思考，怎麼從這境遇走出來，這是一個讓我們重新走出來的契機。

【忙、茫、盲】

台灣社會幾十年一路走來，我用三個字來形容，第一個字是忙碌的「忙」。現在朋友要見面，都是從異國他鄉回來的才有機會見面，身在大台北地區的，反而咫尺天涯。人人都很忙。假定這樣的忙碌生涯，我們知道自己在走什麼路，知道自己在忙什麼事，要走到哪裡去，那就還好，可是並非如此，大部分的人是茫然，第二個字的「茫」。忙碌卻茫然，對我們來說是一種苦難，一種困苦。

第三個是盲點的「盲」，意思是，在茫然之後，又有一個永難突破的盲點。台灣的一切都在未定之天，這就是為什麼台灣的房地產、台灣的股票、台灣的投資成了投機事業，台灣人儘管生活在自己的鄉土，可是，大家都有一種漂泊不定的感覺，這個盲點就在我們的對岸。一切都在未定之天，那個「天」跟北京有關聯。

我記得柴契爾夫人訪問台灣的時候，她曾說了兩句話，她說：「台灣奮鬥了幾十年，沒有得到應有的尊重。」她這句話剛好代表了台灣人的痛，是台灣人的心聲。我們奮鬥了幾十年，一個小島，外匯存底世界第二，台灣經驗受到全世界肯定與承認，問題在，她又加了一句「成果如此傑出，台灣人卻不能決定自己的未來。」她真是台灣人的貼心知已。

從忙碌到茫然到出現盲點，我們就被這盲點困住，今天我們剛好在水窮處。我們都在這塊土地上長大，在這塊土地上過一生，我們的兒孫都要在這塊土地上活下去，我們的這個心聲，應該要得到全世界的尊重。

【無可逃離的命運】

以台灣社會來說，還有一個普遍性的問題——人生永遠要面對選擇，而且一定要做一個選擇。在各行各業裡你只能選一個行業；在各學院學系裡你只能選一個系；在眾多可欣賞可愛的人裡面，你只能選一個做為你一生的伴侶，這叫抉擇。任何抉擇都是有成有毀，你成了這一邊你就毀了那一邊。這樣的抉擇是一種挑選的過程，挑朋友，挑鄰居，挑社區，挑婚姻的伴侶。既然可挑選，就會有挑剔，問題是，父母兒女之間不能挑選，所以不可挑剔；挑剔夫妻朋友、同學老師、鄰居社區，這就產生了人生的難題，人際關係間有無限的可能，可是你只能有一個選擇，而且你要為這個選擇負責任，好跟不好，都落在你身上。在選擇中就會有挑剔，好像自己一生走來，都不是自己的問題，都是他人的問題。

此外，在人生的路上，我們的思考都是要「擁有」。人生有兩個問題，一個是存在，一個是擁有，存在之後，要擁有，擁有人格、人品、尊嚴、榮耀。擁有很重要，然而我們需要思考的是，我們要怎麼去擁有，擁有之後，要怎麼去背負這個擁有。你的榮耀尊嚴、光彩魅力，都會成為你的負擔，你一生都得背負它們。擁有的另一面是怕失去，於是要抓住。事實上，我們在抓住別人的同時就是被對方抓住。人生所有的好處，都是我們的弱點，我們只想到去擁有，去抓住那個好，事實上我們同時也要承受那個好所帶來的壓力與套牢，所以，水窮處幾乎可說是人生無可逃離的命運。

這就是我所看見的台灣社會當前景況，我們好像什麼都有，可是我們也承受這什麼都有所帶來的壓力，而且副作用與後遺症已經一一出現了。

【解體的生命共同體】

台灣現在缺乏兩種東西，第一，缺乏家族的共同體。原來生命共同體的大家族，現在解體了，沒有人陪你一輩子了，一家人分好幾個地方，紐西蘭、澳洲、美國、加拿大。我記得我的童年在台灣鄉下，大家儘管條件很差，卻很有安全感，每一家那分家族的氣氛，對兒女的保護，整個鄉村是個共同體，一個陌生人進來，全村都知道，所以家門都不用關的。我當小學老師，到學生家訪問，家門都不關，這家前門進去，那家後門出來，找到菜圃田園去，因為家長都在那裡。

第二，我們失去鄉土的保護區，好像沒有一起長大的朋友了。以前成長的歲月裡儘管什麼都沒有，可是我們擁有朋友，擁有兄弟，都是一個團隊出來的，那種感覺很好。一起長大的朋友，可以跟你一生知心，現在很難有這樣的朋友了。

我兒子現在大四，他念高一、高二的時候，每天四點不到就回來了。我在家幫他開門，第一句話就問：「怎麼這麼早回來？」他看我一眼：「不行嗎？」「哦，當然可以。」我趕快接過書包一路送進他房間。兒子回來了父母當然安心，可是對我來說，中學時代是找到一生的朋友最好的年代，沒有任何現實的思考，沒有任何功利的牽掛，全生命去交朋友，他們就好像你的兄弟——現代的父母不幫你生兄弟也不幫你生姐妹，你注定要在外面找兄弟姐妹——結果你三點多就回來，人生還有前途嗎？

從家族來說，已經沒有陪你一輩子的親人了，而另一方面，也沒有陪你一起長大的朋友，我覺得現在的新新人類，儘管要什麼我們都給了，但我們仍然對他們有所虧欠，因為他們沒有鄉土沒有童年。而我們愈覺得虧欠，就愈彌補愈保護，導致他們的人格成長有缺陷。

在我的家族裡，我爸爸還在，我媽媽已經過世了。我們家有三兄弟，我們有一個約定，每個周末，一定在大哥家聚會，兄弟聚會，讓第三代的兒女也有機會做兄弟，同時也讓阿公可以看到這些孫兒女。我們試圖讓解體的生命共同體可以重建，一方面，讓失落的家族共同體回來，一方面，讓那個失落的鄉土保護區可以重建。人是有感情的，人是有理想的，我們不能陪孩子一輩子，我們一定要找他的朋友來陪他一輩子，然後我們才可以安心的離開。

【在絕境中找出路】

接下來，我引出王維〈終南別業〉整首詩，并略做義理的解析。這是一首五言律詩，共有八句：「中歲頗好道，晚家南山陲；興來每獨往，勝事空自知。行到水窮處，坐看雲起時；偶然值林叟，談笑無還期。」

人生最好的時候在中年，也就是孔子所說的壯年，你可以看到社會政治與經濟的舞台都在中年人手中，他們看起來都到達了最高峰，而最高峰也就是要往下掉的時候，所以，這個壯是有一點悲壯的。中年又是更年，是轉向老年的關鍵，最好的在這個時候，即將轉向的也在這個時候，我們這才曉得，人生不能光靠生命力，光靠才情氣魄。中年後要好道，人生要有一個轉接，有一個更開闊的天空，因為你不再年輕，不能再比才氣了，以後的歲月要比道行。

「晚家南山陲」，中年之後走向老年，他隱居在終南山下。「興來每獨往」，修道的路，品味人生的路，不要很多人，只要一個人行走。群眾讓人迷失，街頭讓人迷失，所以要獨往。每獨往的「每」，是指經常如此，心情一來，我一個人前往。「勝事空自知」，勝事是指人間美景，人間美好的事，「空自知」帶有惋惜的意味，美好的景物只有我自己觀賞。生命的品味體會，永遠在我們自己的心，人生怎麼活，永遠是我們自己獨有，人家只是陪我們而已，所有的感覺感動都在我們自己身上。

「行到水窮處，坐看雲起時」，人生走到窮盡處，走不下去了，前進無路，這時候，坐下來，等待風起雲湧，在絕境中找出路，在絕望中找希望。人在生命中的困境裡，在最苦的時候，沒有出路的時候，四無依傍，無可攀緣，什麼都沒得依靠，一眼看去，「前不見古人，後不見來者」，你只能「念天地之悠悠，獨愴然而涕下」，這時候是悟道最好的時機，「坐看雲起時」是代表他已經體悟道的無限生機。

【在人間行道】

王維的詩中充滿了禪境，看起來好像沒有出路了，但又有無窮的生機深藏其中。為什麼人生要一直走下去？為什麼不能停下來？你在人生前進時是平面的，眼看前進無路，坐下來一看卻是廣闊的天空。人間很擠迫，但天地這麼大，為什麼不把自己交給天地，而一定要在人間的窄巷裡面跟人家攤牌決戰呢？「坐看雲起時」，在最艱難的時節，我們希望坐下來往天地看去，在絕處悟道。

「偶然值林叟，談笑無還期」，在山間行走，沒有約定地碰到樹林間一位老人，兩人暢談，忘了要回家的時間。前面講悟道，這裡講放下。我們所有的道，都是要帶回家的，帶回人間街頭，這樣你不論碰到誰，都可以跟他好好的聊，忘了要回家的時間。

這是王維這首詩的全貌。他中年好道，晚年隱居在山下，有心情的時候往山上走，面對人間美景有一份感傷，為什麼好東西沒有跟好朋友分享，假如我的父母兒女跟我在一起多好。所以我曾勸過很多人，不要蹓鳥蹓狗，要陪爸爸媽媽跟兒女，一家人一起去蹓蹓，要不然豈不是「勝事空自知」？那是我們人生內在深沉的寂寞。為什麼美景當前，親人不在身邊？「行到水窮處」，在山間行走，我們一定會走到一個山窮水盡疑無路之處，這時候我坐下來。人生一個重大抉擇是，我不走了，我坐下來。然後，往上一看，看到廣闊無垠的天地。我為什麼要在人間跟人擠窄門熱門，我為什麼不把人生開放給廣闊無垠的天地呢？那就叫道。悟道之後，人生一切都有了，所以，在人間漫步，碰到誰就跟他在一起聊聊天談談心，人生多美好，甚至忘掉回家，物我兩忘。

【認命不是逃避】

現在，我們來體會「行到水窮處，坐看雲起時」的人生智慧。

第一，行到「命」窮處，坐看「緣」起時。每一個人的命都有窮盡的地方，每一個人都有缺陷，沒有人是十全十美的，但我們心裡又要追求完美。每一個人的命都是有限的，都是命定的，這不是說你一生都被決定了，而是你的命有一定的限度，所以最重要的是要知道自己有沒有那個命。我都先問自己是誰；我是王邦雄，我只是一個人，是人家的兒子、父親、先生、學生、老師，所以我一生就要好好做這些事情。我是台灣的一份子，我永遠把我的心放在這塊土地上，我認了。人生認了以後，再無難題。我們最大的難題就是不認，想逃開。

我說認命不是消極的，相反地，是英雄豪傑才認命。人生最大的懦弱最大的逃避是不認自己，寄望自己是別人，總期望在算命裡面算出奇蹟。命是有窮的，認了以後，它就不會壓迫你。再且，儘管我有窮盡，但我可以在廣大的人群裡找到知心的朋友，抓住緣會際遇，共創人生美好的前程。

第二，行到「人」窮處，坐看「天」起時。人是有限的，人力有極限，當我們行到人的氣力、耐力、智力、財力窮盡的時候，我們要靠天。人間總是有天理的，在人無能為力的地方，天理總是在那裡的，天無絕人之路。

第三，行到「氣」窮處，坐看「理」起時。人就要有人氣，同時，有天理的地方才有人氣，愈有天理愈有人氣。自己是對的，就可以理直氣壯，也就不會英雄氣短也。

從放下的「無」中生出自在的「有」

老子《道德經．第六章》，開宗明義說「谷神不死」。山谷是空的，你把一切人生的美好歸零，把它放下之後，就是空。沒有任何人可以打敗空，飛彈也打不到空。山谷本身是空的，但山谷可以有水，可以讓花草樹木、鳥獸蟲魚在山谷中成長；它是空的，但它可以包容一切美好，讓一切的美好在此孕育。所以，人生有時候碰到難題，要把一切榮耀放下，不要美好，不要榮耀，不要搶第一，不一定要搶盡別人的光彩。把這一切放下，突然間，人生的美好就又回來了。

「水窮處」有一點像老子說的「無」，但意思不是說人一定要走到生命的最低點，要遭遇挫折困難。「水窮處」可以換成是自己的修養，解下自己的武裝，要內斂含藏，不要老是把自己的光彩散發出去，如此看來像是「水窮處」，結果是人際關係大幅改善。你愈要保護，愈是執著，愈要抓住，愈是承受它所帶來的壓力。所以，「水窮處」不是等到我們失敗了、輸掉了、活不下去了才來講，在我們一帆風順時，也可以化絢爛為平淡，把自己放下來，然後你才能「坐看雲起時」，一切的「有」從「無」中生出來。

什麼叫「坐看」？本來是在前進狀態，現在成為靜止狀態。當你「坐看」的時候，你是從情況當中跳出來，成為一個旁觀者。所以我們有時要回頭看看自己，看看過往的歲月，回味也回顧，才能看到過去的艱辛和現在的成果，要不然每天的過關斬將對你都沒有意義，你連自己都沒有看到。所以「行到水窮處」是要你暫時跳開一下，旁觀一下，要你當下看到一切。「坐看」的重點在「看」，平時你是用肉眼看，甚至是用勢利眼看，這時候連親情道義都看不到，心中只有勢跟利，整個人充滿了自己所執著迷戀的東西；住在台灣看不到台灣，住在台北看不到台北，看不到兒女讀書辛苦，看不到父母年老寂寞，看不到先生太太又苦又累。

人要把心裡的塵垢汙染清洗掉，讓心靈像一面鏡子一樣，才會開始看到真情和真相。萬般艱難是從萬般榮耀來的。很多知識分子都是神經衰弱，所以知識分子有時候也要放下學者專家的身分，以一般人的身分跟大家喝茶聊天爬山，這樣才會天長地久。當我們把所有的美好，所有的榮耀，所有的尊嚴放下的時候，你才能給別人存活的空間，因為你才看到別人。我「水窮處」，朋友「雲起時」；我「水窮處」，親人「雲起時」。

【放下身段，坐看雲起】

最後，我用朱熹的詩句來回應「行到水窮處，坐看雲起時」。「半畝方塘一鑑開」，這指的是我們的心，我們的心像一方水塘，把塵垢汙染滌除，像是一面明鏡。「天光雲影共徘徊」，這是指人間一切的美好，人間最光明自在的美好都反照在水中，當你的心開放以後，就可以把天上的光明，把人間的自在都顯現在心裡；

只要你的心開放自己，人生的美好都會進來。「問渠那得清如許」，請問這方水塘怎麼永遠都能這麼清新呢？「為有源頭活水來」。所以，「雲起時」就是源頭活水，心應該修心、清心，這樣，我們對人生永遠有愛跟關懷，這是有心；然後，我們對人家好，我們付出、奉獻，我們一定要忘記，這叫無心；把心放平了，不是高人一等，這兩個加起來叫平常心，而平常心就是道。我們要心生善緣，緣造好命。人要有那個心，才會珍惜人我之間的情分，才會有善緣，在善緣中，雙方的命才會好起來，這樣，儘管人生有「水窮處」，也不要慌不要怕，因為我們會有「雲起時」的到來。

第6講：

煩惱的化解與昇華

【為誰辛苦為誰忙？】

我想人生在世，每一個人都有自己的「分位」，就是本分與位置，都有自己的責任。所以，我想人活著就是要擔負自己的責任，人要在人際關係裡面，與親人、朋友相處，在在都是煩惱……。所以現代人最大的問題，就是：「為誰辛苦，為誰忙呢？」

今天對忙的感覺，大家一定是體會得很深切：一個人要當做兩個人用；一天要當兩天來用。最近剛好新女性運動崛起，我們實在是要對當代女性表達敬意，因為她們又要扮演職業婦女，又要當家庭主婦；而且整日奔波於夫家、婆家間，又當女兒又當媳婦；很多人也奔走兩岸之間，甚至是太平洋的兩岸；又要上白天的日班，又要上晚上的夜班；又有日常的工作要做，又要利用閒暇當義工；白天上完學又要上補習班……。

停不下來的恐慌

這種忙碌彷彿忙不完，上學、考試、上班、打卡、業績、效率……這些東西何時才能停下來？人我之間隨時都有停不下來的感覺，因為你一停下來就輸了。在孩子上學的時候，父母還要去刺探、監看，要了解別人家的兒女一周究竟補習幾天？請幾個家教？在同學之間還要知道夜晚幾點睡覺……因為這已產生一種競爭，你不能停止，一停下來就會落後，落後你就輸了，所以，這就叫做「停不下來的恐慌」。

然而這麼忙、這麼盡力、這麼投入、這麼有愛心、這麼有責任感……但是好人卻沒有好報！做得這麼辛苦人家又不感激，有時反而覺得我們討厭——像學生討厭老師、兒女討厭父母，這就叫做「好心沒好報」。

我們都有一個感受，好像我們都在做好人，而且也都在愛別人，我們每個人都在為我們的家人、我們的朋友奔波，為他們忙碌，而且是全力以赴、永不間斷。那為什麼好人沒有好報呢？老師不是很認真嗎？怎麼學生不喜歡呢？父母不是最有愛心嗎？怎麼兒女還覺得有一點討厭呢？反之亦然，學生也滿用功的、孩子也滿聽話的，為什麼老師、父母們永遠不滿意呢？

我們不曉得什麼地方出了問題?!有好的父母與好的兒女，但是就沒有好的兩代關係；有好的老師與好的學生，就是沒有好的師生關係！

【煩惱從哪裡來？】

我只能回到我的經驗來思考，本來我一直在想，大家的煩惱是什麼？但想了幾天都想不出來，後來我這樣想：我這樣的人，只能回到我自己來思考。我想每一個人都要回到自己，才能真正回到問題的癥結處。我要講的是我只能夠通過我的學術專長來思考，所以今天我主要是透過老莊的思想來回應有關工作、煩惱等問題，用老莊思想來談化解與昇華煩惱的問題。

煩惱從心來

在老莊的觀點，「好人是災人，愛人是害人」，這是很敏銳的一個重大反省。我想我們要給出一個答案，為什麼師生之間、父子之間、母女之間、夫妻之間、好朋友之間、好同學之間、好同事之間……到底出了什麼問題？大家都那麼有愛心、都付出了愛心、都在盡心盡力……但是何以我們老是覺得人很寂寞，人我之間的距離很遠？我們都在做好人，但好人卻是災人！為什麼好人是災人呢？

在莊子〈人間世〉裡有個寓言故事：有一天顏回向孔子辭別：「老師，我要到衛國去。」孔子詢問他去衛國做什麼？他說：「我要去救衛國！」因為衛國君王「其年壯，其行獨」，年紀在五十歲左右，事業正逢高峰期，但獨斷自為，不相信其他人的話，致使衛國上下受苦受難。然而孔子的回答卻說：「你此行大概難以全身而退了！因為你覺得衛國君王不好，你用你的好去把別人的不好比出來，這是得罪人之最大。」我們本意是去救人，我們以好人的身分去救人，但在尚未救到人之前，我們的行為早已傷害了他人。孔子請問顏回：「你認為衛國上下沒有一個是好人嗎？你以一個外人的身分闖入衛國，並對衛國人說我來救你們了，沒有我，你們是沒有希望的！你覺得他們會接受嗎？」

顏回是孔子最得意的門生，他愛不愛人？當然愛，而且他還想去救人，但孔子告訴顏回救人是個災人，是個帶去災難的人，因為他用他的好把別人都比了下去，讓別人一無是處。

你看我們的父母、老師不是一直想讓我們「好」起來嗎？他們把全部生命都放在兒女身上，又上學又補習，夜晚還要晚自修，每天都很辛苦。尤其有些父母還使用苦肉計，讓自己過得很苦，鎮日對兒女表示：我都為你們犧牲，媽媽全都是為你們好，媽媽太愛你們了！但是兒女呢？言下之意就是你們好意思嗎？你們對得起媽媽嗎？這樣一來，在父母愛人的時候同時給對方一個很大的壓力，所以愛人是害人，而救人是災人。

愛人之所以會害人。依莊子所云：「愛之適足以害之。」我們愛他，但我們經常在付出我們的愛的同時，又期待一個回饋，所以當我們付出愛的同時，也給出一份期許——我愛孩子，所以孩子一定要怎樣；我愛學生所以學生一定要怎樣……

但是我們知道讀書、做人，包括工作、創業並不是那麼容易，也不光是我們自己的問題：我很認真讀書我考九十分，但全班考九十五分以上的有三十五個人，我怎麼辦？在聯考的零點五分之差，可能就差了一個系、一個學校；所以在我們付出愛的時候，有時會帶出害，所以「救人是災人，愛人是害人」。因為他要回應你的愛，但實在是做不到：怕媽媽傷感、怕爸爸失望、怕老師覺得白教了。從這個地方我們要了解：原來為誰辛苦為誰忙的背後是一份好意、是一份愛心，而這樣一份好意、愛心，又在人我之間產生激烈的競爭。

我們的兒女、我們的學生要參加大專聯考，要走在人間街頭，他要面對人世間的考驗，腳步絕對不能停下來，而且也停不下來，一停下來就輸了！於是在師生之間、兩代之間、同學之間、同事之間，在各個工廠公司之間，以致生產線的品管，行銷網的業績皆產生一種競賽與壓力。我們總認為我那麼認真投入，一定會產生可以預期的成果，這一來心頭永遠不平靜，依照莊子的說法，當真是災人又害人了！

對這一點我們一定要有一份感受，好像我們在工作、讀書、做好人的路上，在付出愛心的同時，就彷彿形與影在競走，我的身體與我的影子在競賽，你發現那種責任壓力永遠跟著你，好像擺脫不掉，無論如何往前跑，它永遠都是跟著你。

小時候走在鄉下的路上，因為鄉下沒有路燈，我們都有一種感受：而鄉土傳說中，老一輩的人總會說些鬼故事，夜晚走在漫長的巷弄上，眼見樹影搖擺，心中滿懷害怕拚命往前跑，感覺上背後彷彿有人在追，原來是被自己的腳步聲追趕。所以今天我們覺得這麼忙，在工作、在讀書、在做人……這樣一條路上，就好像我的形體與我的影子在競賽，你永遠也擺脫不掉它。

我們也要與時間競賽：明天要考試，今天就剩下這麼幾個鐘頭，書卻是永遠也讀不完。以前我兒子考聯考前，午夜一點我去看他，他端坐書桌前在讀書；二點去看他，他保持原姿態在看書，三點再去看他，他依然故我在看書。做父親的我一點都不敢去驚動他，只是看他一下就回書房陪他讀書，總不能我在睡覺讓兒子一個人讀書。就這樣一點、二點、三點，他彷佛老僧入定，原來他端坐打瞌睡，我對他說：「兒子，睡覺吧！」爸爸看了實在很心疼。但他立刻拒絕，表示書還沒看完，而且同學都還沒睡！你看這個兒子多有責任感，他正在跟時間競賽，也是在跟自己的生命競賽。然而人只有一條命，每天就只有二十四小時，你要與人競爭、與自己的影子競爭，而你的時間永遠只有這麼多，這就是煩惱。做父親看到自己的兒子念書念得這麼辛苦，卻不知該如何幫忙，總不能說父子聯合作戰，你念三科，我念三科吧！我相信這樣的煩惱與病痛一樣。我們的親人在生病時，我們最大的心願就是可以承擔他一半的病痛，但是不能，痛都在他身上，即使親如父母、兒女，你都不能取代他的病痛，人生也是一樣的道理。

既然救人是災人，愛人是害人，那請問我們就不做好人，就不去救人愛人了嗎？假定我不做好人，那我一生做什麼？我不愛人，我的一生不是很寂寞嗎？人生總不能不做人吧？而做人當然要做好人，難道要做壞人不成？而做好人當然要救人愛人，難道去恨別人嗎？做壞人、恨別人並不容易，是違反人性的；問題在，所有的恨都是從愛來的，所有的怨都是從恩而來。

如果我們又不能不做好人、又不能不去救人跟愛人；然後又告訴我們救人是災人、愛人會害人，這不是煩惱的平息，而是煩惱的加深。本來我們以為去做好人就沒事了，去愛別人就好了，沒想到救人是災人，愛人是害人，這不是將人生的煩惱變得更深層了嗎？

所以我們要了解並非好人一定是災人，愛人一定就會害人，而是我執著我是好人，我在標榜我自己的好、凸顯我自己的好，用我的好去跟別人爭，而競爭的武器則是愛。由於我們對愛是沒有防禦能力，我們面對愛時一定會投降，當對方用愛籠罩我們的時候，你就失去反抗的能力——學生與老師間、親子之間、夫妻之間……，因為愛是最高貴的，愛是最感動人的，它一下就可以打入我們的內心深處，如入無人之境，而愛會因此變成害。好人變成災人，就是因為他在做好人時，過度執著自己的好；他在愛別人的時候，過分高貴自己的愛，突然之間，他變得高人一等，因而產生出優越感，而那些被愛的人與他相處，就彷佛矮了一截。所以煩惱並不是從好與愛而來，煩惱其實在執著自己的好、推尊自己的愛時，用我的好與愛，來跟別人爭。

你們看，現在不是流行講排名、講排行、講排場嗎？人世間就是在爭在搶，搶盡別人的光彩，所以煩惱是從心裡面來的，心裡執著我們的好、我們的對、我們的付出、我們的奉獻。我曾經對當義工的朋友說：「你一定要忘掉你的義，義工最重要就是忘掉你的義，不要當了義工後，眼睛看到的都是別人的不義。」甚至我與慈濟功德會的朋友說，不要以為穿上慈濟功德會的衣服就高人一等，那會讓每一個看到你的人感到慚愧，因為慈濟不是在壓迫人，而是在幫助人的。

我們心中要把我們的好、把我們的愛放下來，要慈悲濟世，但在慈悲濟世前，必須先將身段放下，這樣被我們愛的人、我們對他好的人，他才會坦然接受，才會覺得體貼、親切，而不會覺得是好卑微、好難堪。我舉這個例子只是做為我們每一個人在思考這樣一個問題時，必須忘記我是好人、我在愛人，那麼人世間就沒有太大的問題了。

但是所有的問題也就出在好與愛上面，它帶給我們的是壓力，像父母希望我們好、老師希望我們好……我的一生就背負著這個好，我一定要當好學生、好兒子、好公民、好幹部、好主管……但是這個好就形成了壓力，假定我們執著它就會給自己壓力，而且會壓迫到別人，這是因為你自己在付出時也會希望別人跟你一樣好，所以煩惱是從心的執著來的。

自困自苦

在好萊塢的功夫影集中，男主角甘貴成是出身少林寺的高手，在他的成長過程中，老和尚對他說：「你以為你住在監牢裡嗎？其實監牢在你的心裡。」假定我們覺得人際關係是個束縛，人世間是一個監牢，情愛是監牢、工作場所是監牢、學校是監牢……我們都以為自己住在監牢裡被監禁著，事實上監牢就在我們的心中，是我們自己搭建的違章建築，然後再把自己關在裡面，這叫做自我禁閉。

有些孩子天生是自閉症，我看大部分的人都有後天的自閉症。我一定要搶第一，要證明自己是天下第一，所謂大男人、新女性，這「大」與「新」會變成監牢，成為監禁你自己的牢獄，這種自我禁閉可能是無期徒刑，這一生都被關在其中無法逃脫，因為這是你自己搭建的。

在此引用莊子的一句話：「遊於羿之彀中，中央者，中地也，然而不中者，命也。」「羿」是指后羿，他是神射手，百發百中；而「彀」是目標箭靶；「中央」指的是靶心正中央；「中地」是必中之地。所以這句話的意思是：我們今天就像活在神射手正在射箭的靶心中，沒有人不被射中，沒有人不被傷害。諸位想想看，從小我們在讀書、成長的歷程中，交朋友、男女情愛、婚姻，乃至進入社會上班工作，在經營交往的路上，在力求尖端突破的路上，我們是不是滿身傷痕？這是因為我們都活在神射手的靶心，是必中之地啊！這是避免不了的煩惱，幾乎是逃不掉、如影隨形的。「然而不中者，命也。」但是，人世間也有人未被射中，這種人算他命大，只是僥倖而已。在人間政治權力之爭，在朝代更迭時帶來生命的苦痛，才會了解到莊子悲天憫人的心懷。

像我兒子在國中三年級時真的很累，正走在準備聯考的辛苦歷程，我這個做爸爸的，僅能陪他受苦，給出安慰，好在他現在已大二，從這段辛苦的歷程走過來。記得那時看他太辛苦，只得安慰他再忍耐幾個月就沒事了！他回我一句話：「最可怕的就是你們都這麼想！」但是請問：可憐的爸爸，還能說什麼？難道要我說：「很辛苦我知道，但苦也沒用，你考完高中又要考大學……」這樣說不是遙遙無期嗎？我當然只能說再忍耐一、二個月就好，考完就沒事了。

所以我在大學教書，看到大一、大二的學生不太用功，做老師的也很難說出嚴重的話，因為他們需要放假，聯考完後要放兩年假，大三才會開始讀書。所以我比喻大一、大二是黃老治術期，因為經過戰國時代的長期征戰與破壞之後（如聯考的競爭），天下人民確實需要黃老治術的清靜無為，讓生命獲得休養生息之機會，所以老莊思想就講在無為中無不為。

老子又說：「吾之所以有大患者，為吾有身。」「大患」乃是心頭重擔，「為吾有身」就是執著我自己。所以這句話的意思是：人生之所以有大的憂患就是因為我執著自己這個人，因為我希望有榮耀、有光彩、有亮麗、有美善，但願全天下的好都在我身上。一個有自己的人會逼著自己去打天下，直到自己當了大皇帝才會產生安全感，但人為了安全感要付出多少代價？因為「有身」就執著自己，把自己排在第一位，讓自己永遠功成名就，永遠出人頭地，這不是給自己很大的壓力嗎？大患就在我「有身」，人生最大的煩惱就在此。

接著老子又說：「及吾無身，吾有何患？」意思是，等到那一天我把自己放下來，覺得自己不再是那麼重要，我不一定要獨享榮耀，不一定要打敗別人，我不一定要證明自己是最好的時候，就會覺得海闊天空，人生的路好遼闊。所以煩惱的關鍵在於太看重自己、太執著自己，把自己逼到后羿的靶心，也就是權力場、名利圈內——我的解釋這叫做衝進一級戰區。

金庸小說《笑傲江湖》中，當令狐冲隨一大群江湖好漢進入一個隧道，兩面牆壁刻有許多武功祕笈，大家正看得如醉如痴時，突然燭火一滅，大夥為力求自保，就用刀劍互砍，把自己四周變成一個刀幕，以天羅地網來保護自己。此時，有人高喊：「大家住手！」每一個人放下自己手中的刀劍才獲得保命的空間。

假定我們擠到一級戰區，每個人為求自保必定會出刀傷人，只有一個可能來保護自己就是「及吾無身」。追本溯源，我覺得天下事都要回歸自我，本來我們是從自我走入天下，我是我，但我一定要歷經一段成長過程，不然人生可能是座孤島，所以一定要走出自己，走入天下，與人共生共存。但人間街頭都有競爭，彷彿我們一定要在人生街頭搶得光彩，然後才覺得自己有成就，這樣會造成一個相反的結果——大家都在街頭受傷，原本想富麗自己，榮耀自己，到頭來卻產生挫折感。

【回歸自己，把自己活出來】

所以要單純化這個問題，我覺得「天下事要回歸自我」，每個人要重新調整自己的價值觀念，我們把對天下人的付出奉獻，都回歸自己的身上來思考，我愛別人均是為了自我的實現，人性即是如此。

煩惱的根源在於與別人比，現在回到自己，活出自己的本色，為自己辛苦為自己忙，要心存感謝人家讓我有表達的機會，並將天下的紛擾回歸到自我的追尋，與自我的實現，而不是在人間街頭跟人比高下，如此一來，救人不會是災人，愛人也不會害人。我覺得這是身在煩惱中而得以化解的第一步。

如何回歸自我，我提出三個觀點：

認命是好命，與命同在

這是我對「緣與命」觀點進一步的伸展，以前從未如此斬釘截鐵，因為現在年歲老去，對命的感受越真切。每個人均希望自己有好命，但好命的起點就是我認命，認命是認自己、認父母、認祖宗、認鄉土。我們目前最大的問題是不給自己機會，所以我認命就是認我的家世背景、成長過程，對我自己的一切負責。譬如我自己少年時家裡很窮，又生了一場大病，身體到現在還是不好，而身高一直是我的負擔，因為我成長最大的障礙就是我的身高。小學三年級時我每回考試都考最高分，可是學期終了，我的總成績卻只有第三名。我請問老師為何如此，他想了一想，終於給我一個答案是：「體育成績占二分之一。」其實是身高占二分之一，家世背景占二分之一。那位老師大概不曾想到，我會考上師範學校、師範大學，會當中、小學老師。此後，我不承認他是我的老師。因為窮苦人家的子弟最大的尊嚴就是考第一名，這是我為我父母認真爭取的榮耀，而他竟然抹殺我僅有的美好。

到了初中階段，我代表學校參加作文及演講比賽，都有好成績，也受到老師的特別保護；體育成績是無條件的八十五分，而且可以免升旗。但到了師範學校（因為家裡窮，只能考公費學校），第一學期體育成績只有六十九．二分，這成績讓我失去了想報考師範大學的資格，因為教育部規定，體育成績要七十五分。於是我去請教體育主任，看是否有彌補的辦法，但他卻笑著說：「你可以去當校隊呀！」這對我又是滿大的諷刺，除非體育運動競賽是比慢的，否則我怎麼可能成為校隊呢？

但人生的際遇很難說。雖然體育成績不理想讓我很沮喪，但有一天中午，我看同學在打桌球，很好玩，就向他們商量讓我打幾個球看看，打了一個學期的游擊球，他們竟輸給了我。到了下學期，我成了桌球和網球的校隊，那時候我才發現我對運動有驚人的天分。於是我找到了自己的運動空間，再也不用因為身高體重的限制，去跟別人搶籃球、追足球，而感到自卑；甚至還當上台北縣、雲林縣區運的代表，更有人以為我是師大體育系畢業的運動選手……，這種種的轉機，真是不可同日而語啊！

所以認命才是好命的開始，因為人世間只有從做自己開始，才能自我成長，自我實現。像我，雖然受限於身高，但我認了我的身高、認了我的命，才找到屬於自己的身高體重可以揮灑的運動空間，也終於找到活出自己的一條路，這就是認命是好命。

我非常能體會時下年輕人升學的痛苦，成長的壓力，但千萬別想做別人，追逐明星，即使讀了千百本名人傳記，還是要回過頭來做自己，因為你是唯一的，人生的路就是只能做自己。

隨緣是善緣，與緣同行

以我自己為例，當我在小學教書時，全校教職員皆得參加排球比賽（只有八班），但我從來不曾打過排球，也有打大球的恐懼，但為了團體的榮譽，只有拋開個人的侷限，放下自家是桌球、網球選手的身段，即使不會也不能恐慌、逃避、拒絕，因為我是團體的一分子，於是只有隨緣。那時我每天下課就找了幾個學生幫我撿球，拚命苦練發球，到了比賽時，我贏了好多球，因為我練成了我自己獨特的球路。

人生無可避免的要與人在一起，我們的煩惱是何以賞識我們的人、喜歡我們的人都沒來，抱著懷才不遇，生不逢時的心情，似乎都在等待機會，找到一個屬於自己的時代，能愛自己的人、可以體貼自己的人，但卻永遠等不到。我們都只希望美好契機從天上掉下來，希望天可憐見，但卻苦等不到。所以千萬別等，人生只有一個機會就叫做隨緣。你的成長歷程，你的老師、同學、朋友……只有現在在你身旁的人才是你唯一的機會。我們不能平空想像會有其他人出現在你的生活圈，所謂善緣其實就是隨緣，不要寄望特殊的人物出現，希望別人對你好。其實只要你對他好，他就是最好。就像我的兒女，雖然他們不是最好，但只要我對他們好，他們就是最好的，是我的心肝寶貝，我的最愛。我並不要求我的兒女們要考第一，要光大門楣，只要他們在爸爸的愛之中，懷有安全感，並有活出自己的成就感就好了。

華航廣告詞中說：「相逢自是有緣。」相逢有緣也許僅是一面之緣，有緣的背後是有命，氣質感應而相知就是有緣，以命底做根柢，讓緣不會飄忽即逝，而能長久。所以緣會還需要講「分」，兩命結合相互扶持叫緣分。這有待兩個人用一生去營造，這樣就可以減少許多等待的煩惱，對自己不滿的煩惱。人最大的煩惱是對自己不滿意，不喜歡自己，不給自己機會。第二個煩惱是應來的人沒有來。何謂應來的人？沒有誰是應該來的，你對他好，他就對你好，不要等他好。譬如對兒女好，不要等他們回報，千萬別計較，這樣才叫做「隨緣是善緣」。所以要「與命同在，與緣同行」，人生總存在於時空中的某個交會點，你走在自己的路上，只有跟自己的命同在，人不能離開人群，只能與自己的緣同行。

你不可能不要你生命周遭的人，所以請認同台北、認同台灣，儘管它不是很理想，但卻是我們唯一的機會，由此處思考則可以化解一些莫須有的煩惱，所以要認命，要隨緣。

自我實現，人我共成，轉被動為主動

好命就是自我實現，善緣就是人我共成。共成一對好夫妻，好的父子、好的同事、好的朋友，這樣一來就可以轉被動為主動。邀請別人和我一起好；如主動組成一個好的家，組成一個好的公司，創造人生共有的好，這就是昇華。化解只是讓煩惱平息，昇華則是讓價值展現，凸顯自己存在的價值，讓自己一生沒有白活。

譬如我為了自我實現，為了活出自己的價值，於是我主動讀書，因為活著是我的權利，則這樣讀書是種享受，轉成創造性的活動；為了實現自己而就業，則職業會變成開創性的事業。若是被動則任何事情，如讀書、就業都會變成苦難。化苦難為自我成就，其關鍵在化被動為主動，因為創造是人生最大的突破，人生的尊嚴即是自己做主人。自做主宰才有尊嚴，假定我老是被牽動則失去尊嚴，變成束縛。「為誰辛苦為誰忙」和「停不下來的恐慌」，就是失落自我，沒有當家做主，這才會一味抱怨家人、朋友。由自己做主是起死回生，是自己正視煩惱的存在。很多中小學老師告訴我他們的苦惱，認為教書教了一、二十年，突然覺得沒有力氣、沒有勁道，覺得在家庭和學校之間有些落寞，忙茫盲，問我怎麼辦？我給他們的勸告是讓自己在讀書中成長。若家庭主婦為自己讀書，就不會覺得做家事是犧牲，而老師在讀書中讓自己成長，就不會覺得被拖累，如此則可以與兒女、學生一起成長，這叫自主的生命躍動。

所以我們希望中年的朋友不要只有工作，老實說，同樣的工作做了幾十年，一定會疲累、厭倦而沒有創意，所以煩惱自然產生。

有感動才會有生命力、勁道，如果化被動為主動，則一切均會改觀，煩惱不但化解，且根本就昇華了，昇華就在生發創造性的動力與活力。

【煩惱的化解與昇華】

從「坐馳」到「坐忘」

在奮鬥的過程中，莊子有個描述叫「坐馳」，即雖坐猶馳。表示我的身體雖在這裡，但我的心已飛馳於外；雖然人坐在這，但心中還在擔心很多事。現在每個人都在上學、上班，每個人都屬於某個家庭、社區、機構、團隊……看起來很穩定，但每個人心中總有股不安定感，這就是「坐馳」。

我的說法是在婚姻中漂泊、在情愛中漂泊、在工作中漂泊、在結構中漂泊……明明有自己的工作和家庭，但就是安定不下來，這就是因為你沒有把最好的放在你人生歷程中。假定你認同這個團隊、學校、機構、家庭，和這段情愛，你就會把最好的放在那裡；最好的放在那裡你就可以安頓下來。所以人生不一定漂泊不定，之所以不得安頓，是因為你沒有把最好的給出來。要把情意、理想，生命中最好的放在某一定點，如在學校、事業上，這樣才不會雖坐猶馳，才不會觀望，才不會在這個公司找另一個公司，在這段情愛等待另一段情愛。定不下來就是煩惱，這是第一個問題。

每個人都會覺得做不完、忙不完、苦不完、讀不完。以修行來說，每天念阿彌陀佛念不完，每天的功德做不完，每天的功夫修不完。把自己放在歷程中，不停工作、不停修行，沒完沒了……什麼時候才能得救解脫呢？

我們在修行、讀書、上班歷程中，為求好而不斷努力，但有時我們卻被拉住了，永遠不能跳脫這束縛，它變成很多煩惱。所以看到很多老太太念佛，她們不斷地念，這樣雖好，心中有佛，佛的慈悲就會在生命中體現，但何時才可解脫？我們須從歷程中跳脫出來，以禪的觀點來說——是「不立文字，直指本心」，是不依靠念佛，靠當下的頓悟，從煩瑣而無窮無盡的歷程中跳脱出來。從「坐馳」到「坐忘」，是在永遠停不下來的人生過程中，一定要有大徹大悟。就是「坐忘」，當下忘了一切。

我們不一定每天要苦讀、苦行、流浪天涯、人間奔走；也許我可以哪天想停下來，因沖泡茶而悟出茶道，很悠閒的插插花而悟出花道，寫寫書法而悟出書道。不要讓自己捲入人生永無止境的競賽當中，可以偷得浮生半日閒。

這叫做跳開歷程、忘掉功夫，當下即是，所在皆是，擺脱經典，直指本心。這是禪宗的説法，也是莊子的意思。人生在一無所有之時，才能開悟。我現在覺得青少年對鄉土沒有感情，因為他們什麼都有。以我自己為例，我最喜歡講我自己的母親，寫我的鄉土，因為那時太窮，沒有玩具，沒有金錢，一無所有；但母子卻很親近，生命融入鄉土，這叫做生命共同體。讓我覺得中間沒有夾雜，沒有中介物，是生命緊密地結合在一起，這就是「坐忘」。

現在我們用許多禮物、節目來取代，但卻缺乏真情、真心，若把這些擺脱而直接面對生命，就叫做「坐忘」。

就如同喝茶，最後一定要喝杯白開水，這是因為前頭喝了幾泡茶後，再飲了一口白開水，可以有無窮的回味。

人生的美好不在無止境的歷程，而在每一當下，往事總是要回味，而不是只能回味。若不回味則美好往往付之流水。所以「當下即是」，是讓所有過往的美好現在都呼喚回來。所以一定要從「坐馳」中「坐忘」，從漸修中頓悟，不一定要忙碌才是對自己有交代，人生可以有清閒，可以當下忘了一切。

在此再引用老子一段話：「行無行，攘無臂，扔無敵。」這是說要行沒有軍的軍，攘沒有臂的臂（攘為高舉之意），扔沒有敵人的敵。這一人生智慧體悟也是「坐忘」。又說一句：「為無為，事無事，味無味。」所為的是無為，所事的是無事，所味的是無味。人生一定要為、一定要事、一定要味。做事一定有為，但要無心的為、無心的去做，沒有一定要品什麼味，與味同在，在無味中去品出味來。所以莊子又說「無翼飛」、「不知知」、「無用之用」，你可用無翅膀的翅膀來飛，用不知的知來知，用無用的用來用。當然一般都是用有翅膀的翅膀來飛，用有知來知，用有用來用，我們卻要學著感受到那個無形的妙用，不是工具、財物、禮物；不是有形的「物」而是無形的「道」。何時我們才能去感受到無形的親情、美感、善意？若能感受到無形的美好，這樣才能進入生命昇華的境界，否則有形的東西都是負擔，表面上是我抓得住它，其實是自己被它抓住。比如我們抓住名利，其實是名利抓住了我們。只有在無形的東西裡面，我們才是自由的，當下忘了一切，這叫

「為無為，事無事，味無味」。

由「技」進乎「道」

另外我們要自己去的是，要有一定的學歷，學得一份技術，所以才就學受教，擁有自己的學養、才能。另外我們學習到的知識、技術，有時有它的盲點，而道才是最高的境界。

為什麼我們的專業、技術可能是我們的盲點？因為你老是用你的專業來看世界，你就忽略了其他的人也有屬於他的心得、他的門道，他也可以看到他的世界，所以我們的專業就是我們的盲點。

另外，我們每一個人也都有特別的喜愛，我們的喜愛就是我們的弱點。人生活在我們的專技、在我們的喜愛裡面；因此我們一定要修道，用道來保護我們的專技、我們的熱愛，我稱之為昇華與庇蔭。譬如說，喝茶也是缺點；你為什麼一定要喝好茶，你應該喝白開水，假定你喝好茶就要修養出茶道，用道來保護你對茶的熱愛，用道來保護你的專技，否則你將陷溺在你的專業裡。

我們的熱愛正是我們的弱點，因為你有時為了喝茶而不管其他事；兒子說，「爸爸陪我去打橋牌。」「我沒有空。」「那爸爸要做什麼？」「我喝茶！」你怎麼可以講這種話？所以我們的熱愛與專技有時會得罪人，甚至是形成我們的缺點。人世間很多的專擅、很多的熱狂都是因為我們的痴迷，包括工作，所以有工作狂的人，他自己有工作狂，還帶動別人每天總動員。假定我們的長官有工作狂的話，我們都會累壞了！因此那個長官就要修道。

只有道才可以化解專技所帶來的痴迷與熱狂。任何活動最後一定要講道，因為你的專技、你的熱愛都與才氣有關，而道卻是可以修養來的。所謂平等就在有道的地方平等，我們都有機會去修道，都可以有道行，都可以去信基督，也可以做佛弟子；可以讀《論語》，也可以讀《老子》……我希望每個人都可以在工作中往道的方向去修行。

中國過去連江湖上都講江湖道，「盜亦有道」就是這個意思。又如尊師重道，每個行業都各有其道，在此引用《莊子．養生主》中的一句話：「臣之所好者道也，進乎技矣。」意思是：臣一生所追求的是道，老早越過技術的層次了。如你明明已是天下第一高手，有很高的技術，可是你覺得還是很空虛；你明明贏過別人，但是卻覺得很寂寞，這就是因為我們沒有修道，所以真正能庇蔭我們的是道，保護我們的是道，能讓我們昇華的也是道。這不是空話，是一種修行。若不修行則我們會變成癡迷與熱狂，兒子不管、學生不管、重大的事情不管，只管自己的痴迷與熱狂，你就算贏了，其實也輸了，因為你反而被它抓住，受它束縛。

由「佛」入「道」進「儒」

既然談到「坐忘」，談到「修道」，就如現在正在流行參禪、打坐和中國功夫，而且我們也看到很多有道行的人逐漸出現。最明顯的可以陳履安先生為例，我現在特別注意到他出現在電視上氣定神閒，這就叫做有修行與修養的人。而在影劇界中，我覺得孫越與胡茵夢也轉變得很好，一個是基督徒，一個是佛弟子，這比他們在當男、女主角時更光彩、更神氣、所以我認為參禪、打坐、禪七是有道理的。

不過我有一個「現代新禪七」的理念講米油鹽醬醋茶。人不能離開生活而去打禪七；生活、工作才是我們嚴重的考驗，每天擺脫不掉，每天要面對。就因為是每天都要做的，會讓人受不了，會又苦又累，所以才要打禪七。我們要在受苦最多的地方打禪七。並不是說我不工作了、不讀書了、不做家事了，我離開人世間了，我就可以「坐忘」了，沒有煩惱了！要在做飯的時候，在洗衣服、洗尿布的時候頓悟，這才是真功夫。所以家常日常的開門七件事，最需要有一段修行的功夫，故新禪七就在家中修，在人人身上修。

打坐、坐忘、修道的道，是出自於佛家之道、道家之道與儒家之道。佛家打坐叫淨坐（乾淨），而道家是靜坐（虛靜），儒家是敬坐（誠敬）。我認為我們應該從佛家的乾淨開端，淨坐朗現的是人間淨土，你在那裡打坐、修行，那就是人間淨土。當你斬斷紅塵滾滾，斬斷塵緣汙染，這裡就是人間淨土。但除此之外你還要進入道家。所謂乾淨的淨土在哪裡？不是在人間而是在我心。所以道家靜坐是我心的虛靜，忘卻權勢名利，把心放下生命歸於平靜。而從心的虛靜再往前推進，這就是儒家對生命的誠敬，人格的誠敬。通過人格，生命才生發力量，所以請從佛家坐到道家，再從道家坐到儒家，讓中國傳統三家的淨坐、靜坐、敬坐連貫起來，我們就有了大宗的功德。

佛教是割捨的剛猛，道家是放開的空靈，而儒家是擔當的真誠。佛家是很難的，因為要割捨便要出家。人不要任何東西是很難的。連姓名都不要了，只有法名，父母也不叫父母了，這就是割捨的剛猛。再由割捨的剛猛進到放開的空靈。人會有靈感、創意，當人的心越來越虛靜時，你的靈感、創意越會湧現。

所謂創意務實，創意是道家，務實則是儒家，所以叫做擔當的真誠。當我們去講煩惱的化解與昇華時，一方面把人世間的塵染割捨掉，然後讓我們的心維持在一個虛靜的空靈，如此人格純淨、單純，便會專注凝聚，成為一種擔當的真誠，這樣的話，我們才真正從化解走向昇華。

援引佛家、道家來化解，通過儒家來開創，有了開創性的演出，才算是昇華，否則人生只是沒有煩惱而已。但是我們知道，人生不是只為沒有煩惱而活，我們是要轉化煩惱為菩提——「煩惱即菩提，生死即涅槃」，這才能使人生起死回生。所以起死回生不僅化解，更是要昇華，把煩惱平息後，還要進一步去開創，這樣的話，人生將不再是工作煩惱、讀書煩惱、做人煩惱、交朋友煩惱、婚姻情愛煩惱……，而是讀書、工作、情愛、婚姻都是創造性的演出。因為人生不論你在何處——「當下即是」，而且「所在皆是」，你現在當小學生，你可以有開創性的演出，到國中時也可以；當小公務員可以，當總經理也可以，這叫做所在皆是。

「當下即是」、「所在皆是」，這才是真正化解與昇華，不要等待、等退休、等待放暑假，現在就是。因為你只有一個機會，就在當下，在上課中快樂、在聯考中快樂，除此之外，我們沒有其他的可能。

最後，希望抓緊「化解與昇華」兩個意思來說，一定要從佛家、道家轉向儒家，我們才能真正從消極性的化解，走向積極性的開創。

【與王邦雄老師面對面】

【問】

對於一個在工作崗位上已經有多年，而產生工作倦怠感的人，是否可給予建議？

【答】

我的建議就是要讓自己成長。一定要在工作中學習、在工作中交朋友、在工作中實現自我的價值。不要說等下班，在不工作時才交朋友，在不工作時才有自己，這點才是根本解決之道。

我曾講過一些例子，很多中小學教師感覺自己只是為學生活著，每天都在付出，自己一無所有；尤其中年的媽媽，孩子長大後不曉得怎麼辦才好，先生還有外面的世界，自己什麼都沒有。所以如果有工作多年的工作者，或是家庭主婦，一定要讓自己成長。現在外面有很多成長團體，你可以試著加入。而今天台灣社會有一個很重大的生命力就是女性的覺醒，在家事之外有許多的團體，一起讀書，一起關心社會，生命力相互激盪。我覺得是不是在工作之餘，甚至在工作中，讓自己去學習，去交到很多朋友，而且把自己的價值做相當的展現，也許這樣是比較可能的方式。

【問】

在認命的哲理當中，是否會讓一個人的潛能無從發揮，進而影響到自我實現？因為通常潛能大都是在向命運或逆境挑戰時才會發揮得較多？

【答】

我想老莊與認命的哲學最受到懷疑之處就在這裡。所以我認為是要盡其在我，我並沒有說認命就是不前進。比如我認命，但還是要當學校排球代表隊，雖然我才一百六十公分，四十二公斤。所以不要以為我的認命就讓自己沒沒無聞。

一個英雄豪傑最重要的就是認自己，認苦難的家鄉、苦難的國度，不是說它不行我就不要它，然後我才是突破。我所謂的認命，只是一個起點，不是說就這樣了，到此為止了，還有很開闊的空間。我認了我自己才是一個可能的起點。我曾經說命是傷心的終點，從命走向緣，緣是再生的起點。這兩個意思是相互扣緊來說的，請不要誤解我的意思，以為認命只是就此終了，不求上進，人生就是沒有突破。我只是說不要把別人比下去，但是我們都有活出自己的權利，因為把自己活出來，包括發揮潛能，人家可以分享我的美好；但把別人比下去，你會變成大家的災難，所以政治舞台不能出現強人，就是這個道理，因為你會得罪所有的人，只有你一個人強，那麼其他人呢？所以一定要主權在民，全民最強，我相信大家都覺得李總統太強了。

【問】

當您再碰到抹殺您成績的小學老師，如明明考第一名卻讓您得第三名的情況時，您會如何來化解這個煩惱？

【答】

我相信現代人不會再如此做了。你看我都公開抗議了，不曉得那位老師是否還在世上?做學生的說如此的話，實在有些對不起，但是我想我會以此為借鏡。

當我在給學生分數、名次時，我是很認真的，就是不及格也要多看兩次，這樣才叫正義、公平。我們可以不把別人比下去，但是當我們是老師、做評判時要給出一個公平。問我會不會為此而煩惱，假定我還那麼小，假定我家父母還是希望兒子考第一時，我當然會抗議；但是今天老實說，我已經放開了，我不要兒子幫我考第一，這是因為我到了某一個年齡，似乎就覺得不是那麼重要了。

我今天只是為了同情成長中的青少年，我才講以前那段際遇，事實上這件事老早過去了。所以不要把心思放在痛悔過去，而要把心思放在開創未來。我們老是用太多的時間對別人不滿、失望，對自己的過去懊惱，比較少用時間在怎樣才能重新走出來，重新交到好朋友。很多人用在正面太少，用在負面太多。

這個問題是否讓我們面對自己當前的處境，重新踏出自己的腳步，多做一點思考，多往正面走，少在負面地方被拉住。被過去拖住你就痛失現在，只有擺脫過去的人才能走向現在。

【問】

如果上司是個有工作狂的西方人，該如何與他解釋道呢？

【答】

可以請他去清香齋喝茶。在請他喝茶、聊聊天、談談心之後，看他感受好不好。問題是：萬一他拒絕呢？我想他們也有他們的人生觀，這恐怕勉強不來，不要說是一個工作狂的西方人，就是中國人也一樣。

譬如你邀請他喝茶，他會說沒空，我在家裡常對太太說：「來喝茶吧，太太！」「你沒看到我在做事嗎？」把先生的邀請一口回絕，讓我覺得人世間實在是煩惱太多。其實你可以放下來啊，總不能說等事情做完才來。譬如說我每天傍晚運動，總不能說等我讀完書再運動，這樣一生都別運動了，因為沒有人可以把書讀完。要隨時放下來，叫「坐忘」，「坐忘」隨時就有道了。你被「忙」拉住，做不完、很累、很苦，這叫做「坐馳」。

我想除非他自己有感受，我們是不能勉強，道是很難的，傳道也很難，你只有跟他生活才有辦法。當他有一份寂寞感、有一份痛，很累、很苦，那時才是接引的好時機。此時帶他去喝茶、聊天，他才可以悟出茶中有道。但這也必須隨緣，假定你說，來！你沒有道，我來救你，這就成了災人，那不是剛好違反我們前面的反省嗎？所以我們只能邀請，不能夠勉強。

【問】

關於工作上的煩惱，有的人有好的工作，卻沒有很好的人事背景；有的人是有好的學歷條件，但沒有好的人際關係。如何在這種工作環境下生活得更愉快？

【答】

有學歷沒有背景的人當然是要多費一些力氣，一定要證明自己比別人強，但這樣似乎有點要把別人比下去，人跟人相比是避免不了，聯考就是這樣，這只是在自我實現。當我們去參加考試、去與別人競爭時，不要有良心的負擔，把它當做是你的權利，你在追尋自我、實現自我，當然會全力以赴。但是背景比較弱的人，是需要多花一點心力，讓我們一生隨時在成長，有時吃虧不一定是吃虧，你剛好可以突破，因為人家只要到某一程度即可，你卻非得再念一個學位不可，那你就會力爭上游。

譬如我哥哥，他考上上初中，成績排第二名，但沒有機會繼續讀書，因為家裡太窮，於是到台北來當學徒，什麼都做。全部都做的人，結果就是學得最多。看起來好像不公平，但不公平才會把人才訓練出來。反正工作或進修時自己絕對有好處，在看起來不公平的狀況下，你要加倍努力，多辛苦一點，然後才能取得平等的機會，我們把它當做自我的鍛鍊與提升。

當然我們希望這個社會千萬別讓人事背景變成人事升遷的唯一管道，現在的法治已漸漸在擺脫這些，立法院的關說已漸漸不行了，只要我們去注意哪些立法委員在關說，下次絕對不要投他的票；也希望各個行政部門能有勇氣公布誰關說，然後全民不投他票，我相信以後不公平的競爭會漸漸減少。否則就只有靠自己——自求多福。

第二個叫認命——條件不如人，但我仍然要爭取我的機會。

人際關係不好，則一切就應如我說的隨緣。人可以因為正直而有很好的朋友。假定我的正直讓我交不到朋友，代表我的正直有問題，那不叫正直而叫尖銳。

我不認為我們的好，別人會不記得。除非你是故意把別人比下去，否則我們的好別人一定會放在心裡，好一定會感動人的。好之所以變成災難就是你標榜你的好，然後就一直說別人不好。任何人際關係不好的人，一定要反省，千萬別以為是自己太正直，都是別人的錯，不要這樣想；一定要對身邊的每一個人有信心，絕大多數的人都是好的。假定我們的好沒有被別人接受，沒有共鳴，一定是我的表達方式出了問題。最重大的老莊的反省就是忘掉你的好，你愈忘掉你的好，你的好愈會被對方接受；你愈記得你的好，愈標榜你的好，你的好愈會被對方拒絕。所以當人家拒絕我們的好時，就是我們的好還不夠好。何謂不夠好？你沒有放下來，你沒有忘掉。

我認為孔孟讓我們做好人，老莊讓我們忘掉我是好人，請你用老莊支持孔孟，用忘掉自己是好人來做好人。換個角度，從欣賞別人做起。老莊的特別就是看到別人，老莊都看到世界的美好，所以山水畫、田園詩都是受老莊思想的影響。我們要學習先看到同事的好，他才會回應你，在別人看到自己的好之前，先看到人家的好。這樣一來，人際關係一定可以改善，而且不要把它當做是無力伸展，空間很狹窄；別這樣想，一定是有辦法可以改善的，試試看。

【問】

對於情場失意的挫折，這樣的煩惱要如何化解？又，老師的人生價值是如何定義的？

【答】

在中學教書期間學生問我失戀了怎麼辦？我的答案是：再找一個。這實在是很少壯派的說法，但想一想也只有這條路可以快速的從失落的情感中走出來。雖然快速但不能逃避，不能壓抑，你要接受兩人無緣——兩命不合叫無緣，也叫有緣無分。我把緣與分分開來解釋。此時只有一條路——趕快走出來，把這一段放下，再迎接另一段新的到來。

但這段沒有放下、沒有放開時，千萬不要隨意捲進另一段，因為會很複雜。沒有人規定我們一定要與誰談戀愛，也沒有人是我們一生命定的最愛。我們之所以認定她（或他）是因為我隨緣，隨緣就是善緣，我認命、我隨緣，所以就認定她（他）是我一生的最愛。

但人世間、茫茫人海中，並沒有命中注定，只有她才是我的最愛，別人不是，這是不可能的。若失戀了，我覺得應該趕快走出來，這沒有第二條路。包括有些中年太太，先生外遇，她給他好幾次機會，又問我該怎麼辦？我只有一個講法：趕快離開，毫不猶豫，捍衛自己的尊嚴，不要在那裡感傷，快速走出來，一定要活出自我，一定要給自己空間。更何況只是談戀愛的失意。所以請你趕快走出來。很快的，只要兩、三個月療傷止痛。

我覺得人生的價值就是——我給它，而不是它給我，我付出多少我回收多少，但不是要求對方回報，是我自己的感受。因為當我在付出的時候，我就得到一切。所以我在付出時不等待有什麼好報，好心本身就是好報。你在做好事的時候就自然感覺到它的好，覺得今天沒有白過，今天很充實，很有成就感。

我覺得人生的意義就在我們付出，就在我們給出，甚至能看到、觀賞這世界的好，天下人的好。但是我不認為我們要等待人家的好、人家公平來回饋我、人家來提拔我、人家對我特別好；因為這樣的話，人生會失去「自然」。人生的意義叫「然」，這個「然」要從「自」己來叫「自然」。所以我們好是從自己來的，由我的付出、我的給予、我的認定、我的感受、我的感動，這就是我的意義。但是我的然不從其他來，從其他來的叫「他然」。他然是靠不住的，外面來的掌聲喝采，一旦停下來，你就垮了；所以人生一定要給自己永遠不會動搖的意義，千萬不要把意義放在人家對我的好、人家欣賞我、人家好喜歡我、人家給我掌聲、人家投我一票……哪一天他不投你一票，人生不就是完全架空了嗎？落空了嗎？

我的人生意義就是一定要透過「自然」——我自己給的、我的付出、我的努力、我的奮鬥、我一生的學習，從這個地方來給自己意義。

總括一句話，意義是我們給它，不是它給我們。在等待意義的人是會失望的，我們要創造意義，給出意義而不是空等意義。我想我們等不到的，儘管我講老莊，但是事實上我們還是很認真過活，只是我不標榜自己很認真，因為標榜自己很認真，就好像認為別人不認真；在講老莊時不要標榜我有老莊，以為別人都沒有老莊，這才是老莊的老莊。好好做人、讀書、愛別人、交朋友都一樣，儘管我講的是老莊，但是事實上就是把自己放下來，不給別人壓力。我有權力活出自己，而且我邀請別人跟我一起，互相欣賞，共同成長，這些都符合老莊原來的意思。

下・卷

・從經典中找尋智慧突破困境

從老子的三寶到現代新禪七

我們應該闡發儒家的、道家的經典智慧，來開創新時代的願景

第7講：

生命的大智慧

——老子經典的現代解讀

【人人身上一部經典】

我期許自己對經典做一個現代的詮釋，大家都了解我講老莊的分量比較重，我自己的用心也比較多，體會也比較深，希望可以把幾十年讀老莊的心得與成果，跟諸位做一個分享。長久以來，我一直覺得當代人最大的問題，就是失落了傳統，命定地流落在現代的十字街頭。因為我們缺乏一個「觀」，世界觀、價值觀的「觀」，人生觀的「觀」，所以我倡導人人身上一部經典。在五大教的經典裡面，我們要有其中的一部，做為我們立身處世、待人接物的依據。

我們今天講老子，就是用老子的眼光來看世界，老子的眼光是天道的眼光，天眼看世界，天眼來看人生，你一定會看到不同的風景，會發現新的價值跟意義。今天我們講的是老子《道德經》，一部《道德經》包羅萬有，看看我們每一個人的人生體驗，你的存在感受，也因著你的內涵，你的關心，你會看到不同層次的哲理，甚至你會隨著你的成長，看到不同的境界。今天我只是把我認為可以貫串起來，可以連線的詞句，讓諸位順著這個脈絡一路走過來，大概可以走入老子哲學的殿堂。所以僅僅只是一景而已，我們從某一個角度，某一個切入點，就看到老子《道德經》的這一個場景。雖只是一個場景，哲學家是為人生說法的，他現身說法，儘管我們讀道德經的時候，我們發覺太上老君好像隱藏幕後，不像孔子孟子莊子走在幕前，走入人群中，太上老君似乎是隱藏幕後的，但是我們仍然可以感受到，每一句話都是現身說法。

大患在有身

老子有云：「吾所以有大患者，為吾有身，及吾無身，吾有何患？」〈十三章〉他問我為什麼擔那麼大的心呢？人生路上我會擔心受怕，大患就是大大的憂心，要承受那麼大的壓力，有這麼多的擔心呢，他在問原因，「所以」是指涉原因的所在。問我之所以有大患的原因在哪裡？我會有大患，擔那麼大的心，只因為我有身，有我這個人的執著與負累。老子講的「有身」，不是說人有這個身體，就會帶來這麼大的憂患，承受這麼大的壓力；他的「有身」是說你心裡面執著這個我，就會把自我帶到街頭。人生不是人物活在人間嗎？自我不是活在天下嗎？執著自我就是以自我為中心，把自己看成是天下最重大的，甚至是唯一的存在，那就迫使自己在人間街頭跟天下人做一場無止盡的競賽。看誰跑得快啊，誰跳得高啊，看誰有藝術的天才，誰有文學的想像力，誰有科技的創造力。當你跟天下人爭高下的時候，等同背負了天下的大患，因為每一個人都是你的負擔，每一個人都是你的對手，所以那個壓力排山倒海而來。

因為你執著自己，希望自己嶄露頭角，透顯光芒，甚至有的人還希望自己是天下第一劍，每天都在華山論劍。天下就此成了我的大患，天下那麼大，那個患當然很大。只因為你打天下！所以老子指點我們一個消解大患的妙方，那就是「及吾無身」，等到哪一天你覺悟了，在心裡面把自己放下來，不要自我中心，也不要自我膨脹，為什麼我一個人要成為世界舞台的要角，甚至是唯一的主角！我們把自己放下來，你會發現每一個人都很可觀，每一個人都很可愛，你可以跟他們交流，跟他們分享，那麼每一個人的好，都可以成為你的好；你為什麼會要把每一個人的好，變成自己的不好？這叫大患，哪一天我把自己放下來以後，你會頓然發現：「吾有何患？」人生路上就此海闊天空，所有的憂愁、煩惱、困苦，立即消散。

關鍵就在我們的心，我們的心會執著自我，會衝上街頭打天下，打天下就背負了天下。給自己壓力，也給我們的親人朋友壓力。不要跟哥哥弟弟競爭嘛，還跟爸爸媽媽計較嗎？且同學、同事不都是兄弟姐妹嗎？這樣說的話那兩岸也是，哪裡那麼嚴重？

講經典，可惜的是對岸的朋友聽不到，他們也要好好的讀經典，才會用太上老君的眼光來看兩岸問題，諸多的緊張，莫須有的憂患，就可以在海峽中線的上空消散。

自我有限而天下複雜

莊子說：「吾生也有涯，而知也無涯。」〈養生主〉

此生有限，在人生百年，這是自我的有限性。你想要突破，只有一個可能，那就是從自己走出來，走到天下，而天下開闊，你可以在那邊交朋友，問題是每一個朋友都跟你競爭，本來從有限自我走出來，走上人間街頭，人間街頭，什麼都有，而你也什麼都想要，而且你想要的，別人也想要，你會發覺原來人間街頭是很複雜的，是一個人比人氣死人的世界。

既然天下很複雜，我只好回歸自我，自我又很孤單，寂寞無人見，無奈又從自我走出來，衝向天下，跟天下人打天下。天下是讓人迷失的地方，讓人家忘掉我是誰的地方，每天在那邊喊誰怕誰的地方，面對的是拿一根火柴跟一桶汽油，隨時要點燃、要引爆的人間亂象。好恐怖喔，人生就搖擺在自我跟天下之間。回歸自我，生命是落寞、荒涼的，走入天下生命會迷失、而顯悲壯！這不是兩難嗎？我要嘛活在自我，要嘛活在天下，我們的楊朱學派，就是選擇活在自我的那條路，叫「楊子取為我」，他所選擇的是回到自我過一生的道路；但另一個家派叫墨家，墨翟主兼愛，他捨離自我，投入天下，要為天下人打抱不平，「摩頂放踵，利天下為之」，那是墨家俠客。俠客的最大難題，就是他會迷失跟悲壯。他想救人，反而讓天下更亂！那楊朱的「為我」沒有問題了吧！但是那個自我是很貧乏的，生命如同一座孤島，所以人生就徘徊在自我的有限跟天下的複雜之間，在兩極間擺盪，不知要何去何從。

「吾生也有涯」是自我的有限性；「而知也無涯」則是天下的複雜性，老莊講的「知」，不是今天的知識喔，不要圖書館落成，就上寫四個大字：「知也無涯」。那莊子會很生氣的，你不要以為「知也無涯」是學海浩瀚無窮；而是你心裡想要的太多，叫「知也無涯」，從這點來說，道家跟佛門對人間的理解跟洞見，是相當貼近的，原來「知」是心知的執著，你心裡面想要的太多。自我如此有限，人生歲月又如此有限，你衝上街頭，看到霓虹燈閃爍，突然間覺得什麼都很吸引人，什麼我都要，什麼都要把它帶回家，那就給自己難題，因為那是不可能的任務啊。你無端地給自己那麼大的壓力，又為天下人帶來無邊的困擾，大家打天下，會成為社會的負擔，甚至是亂源。多少人在開拓他的英雄志業，會牽動或拖累身邊的人，成了他的陪葬品！

【自我逍遙遊，天下齊物論】

老莊發現的人生的問題，是徘徊在自我跟天下之間，兩邊都安頓不了，所以生命要超拔而起。還好我們有《道德經》，有《南華真經》，我們有經典，可以通過天道的眼光來看世界，看人生，自我不必然就那麼有限，天下也不必然會那麼複雜！自我有限嗎？莊子說你可以逍遙遊啊！天下很複雜嗎？莊子說你可以齊物論啊！國親跟民進黨通通平等，這樣就沒有問題了嘛，都是台灣的精英嘛，都是台灣的團隊嘛，都是台灣土地上的希望啊，競爭很好啊，有前途啊！我們用天道的眼光看，看哪邊能為台灣做更多的事情，大家共生共榮，怎麼會有黨團流派的分裂跟對決呢？

那是你用你自我的眼光來看對方，對方通通不對，對方通過他的眼光來看我們，也通通不對！所以整個台灣沒有希望了，為什麼？因為兩邊都不對！我們只有一個可能，發現兩邊都對，這才是台灣的希望。哪一天我們發現兩岸都對，這是中國未來的希望。夫妻發現兩方都對，這個婚姻才有光景！我們發現父母跟兒女都對，這個家族才有遠景！倘若父母看兒女錯了，兒女看父母錯了，先生看太太錯了，太太看先生錯了，請問，我們的希望在哪裡？我們哪裡還有實現價值的空間！

【自我站起來，天下走出去】

《老子·第二十四章》有一句話：「跂者不立，跨者不行。」自我要立，天下要行，你要站起來啊，你要走出去啊！自我要挺立，天下要行走，我們讓自己站起來，再走出去。走到哪裡，天下嘛！所以我們的兒女一定要上學，跟同學一定要做朋友，他才有開闊的天空。你不能讓他每天悶在家裡，甚至要從校園課堂走出來，走上台北街頭，走入台灣鄉土，甚至你要在兩岸中國間行走，並走向全世界。

所以自我一定要站起來，天下要走出去，台灣人要站起來，台灣人要走出去，一邊要立，另一邊要行。而「跂者不立」，什麼叫做跂者，是腳尖著地，踮起腳跟像跳芭蕾舞，因為這樣可以站得比人家高，可以看得比人家遠，這叫跂者。問題是踮起腳跟用腳尖著地來擴展我們的視野，開闊我們的視野，這叫人為造作，散步是可以行走一天的，芭蕾舞可不能夠跳整天。因為你腳尖著地是人為造作，是背離自然，而只有自然才長久，所以你本來想站得更高，看得更遠，卻適得其反，反而站不住而且站不久的。芭蕾舞者的那個姿態，可以跳一天一夜嗎？我們在人間漫步卻可以一路走下去的，所以說「跂者不立」。

再說「跨者不行」，跨者就是邁開大步，希望自己可以超前領先，走得快，也走得更遠，但老子發現，跨者違反自然會適得其反，反而走不久，也走不遠。現代的日常用語來說，「你這個人不行」或「你這樣做不行」。不行就是走不通，本來的意思是不實踐，你講空話嘛，不行就是你什麼都沒做嘛，再大的理想總是要一步一腳印，才可能實現。你光說理論，但都沒有付諸實踐，就很難修成正果啊！所以要「行」才會有業績跟成果。

今天的台灣社會，大家急功近利，爭一日之短長，往速成跟狂飆的路上走。不自己讀書，只希望老師給答案，不自己去發現這個書本的精華在哪裡，只是等老師畫重點紅線。閱讀就是要自己去發現精華嘛，將來才具備有閱讀求知的能力。但是我們的學校教育，好像在抓題，在給重點，我們扼殺了學童青少年自我去閱讀、自我去發現這個世界的能力。還說爸爸把一切都買給你，什麼東西都可以買嗎？天下父母誰不愛自家的兒女，總想把人間所有的美好都給他。問題在那是不可能，你只能夠陪伴，他自己要去發現去成長，用他的眼光去看，用他的一生去感受、去體會，你再愛他也不能取代他，老師更不能，你不能幫學生閱讀，你不能老是給他們重點，甚至抓題。所以有人問我，說書要怎麼念？考試要怎麼準備？全部念啊，全部都會啊！哪裡有什麼訣竅呢，成長路上書都要自己去讀的，會逐步的發現重點的所在。假定你很用功，怎麼會考不好呢？人永遠在經驗中學習，甚至獲取教訓，為什麼這個地方出題，而我卻沒有讀到呢？幾番省思，就會知道書要怎麼讀，而重點在哪裡了。

現在的父母，兒女在幼稚園階段就開始讓他們學電腦、學英文，閩南語卻不會講，國語也說得不怎麼樣，變成英語人，連自己的祖宗、自己的鄉土、自己的傳統，我們都少有傳承接續，說什麼做世界人？又哪裡有競爭力？

不管我們到哪裡去，說我們來自台灣，台灣是有文化的地區，有教養的地區，有文化傳統，有幾千年歷史的國度，人家一聽的話，一定會對你肅然起敬。那你就不要擺出一個在飛彈瞄準、潛艇圍困下的台灣悲情！那或許是人間的現實，而人之所以為人不在這裡。捍衛人性的尊嚴榮耀，不可能狂飆，也不可能速成的。所以你有心想要站得更高嗎？你站不久的，你有心想要走得更遠嗎？你是走不通的。

【狂風暴雨總是短暫】

老子這裡還有一個很好的比喻，〈二十三章〉說：「飄風不終朝，驟雨不終日。」飄風是颳大風，颳大風是颳不了一個上午的；驟雨是暴雨，下大雨是下不了一整天的。狂風暴雨哦！聲勢驚人啊！老子還問，是誰做出來的？他說天地。狂風暴雨不是天地的傑作嗎？天地試圖作秀，他想要有心有為，他要做一個動人的演出，但不能長久。老子發出生命的感懷，「天地尚不能久，而況於人乎？」天地要作秀，天地要表演，尚且不能長久，何況是人呢？我們還看不破嗎？風平浪靜才是長久的，晴空萬里才是長久的，狂風暴雨總是短暫，人生不是要一生一世嗎？甚至有的人要生生世世嗎？我們當然要走一條天長地久的路，怎麼會走一條狂飆速成，卻很短暫的路呢？瞬間即逝，就像流行時髦新潮一樣，人生不能追逐流行時髦新潮的，那個叫泡沫文化，我們怎麼可以讓自己變成人世間的泡沫呢！

你看《道德經》不是說得很真切嗎？而且有點沉重，重重地敲擊在我們的心坎上，很多人不是希望作秀演出嗎？站台造勢嗎？遊行示威嗎？青少年不是在追求時髦流行新潮嗎？通通泡沫，在歷史的長流裡，都不見了。「大江東去浪淘盡，千古風流人物」，英雄豪傑尚且不見了，何況是我們！我們不一定要當英雄豪傑，我們當一個好子弟，好父母，好的先生，好的太太，做人家的好鄰居，台灣鄉土的好公民，疼惜台灣的台灣人，關心中國的中國人，甚至承擔世界責任的世界人。一步一步嘛。

【我永遠是我，我永遠陪他】

〈第二十五章〉講天道：「有物混成，先天地生。」天道在天地之先，就已經存在了。老子描述它，說它「寂兮寥兮」。寂是寂靜無聲，寥是空闊無邊，所以它是無聲無形。道是無聲無形的無限存在。底下再用兩句話來描述道的性格。道要生天生地生萬物，我們就要問，他憑什麼？我們不是要生兒育女嗎？憑什麼呢？我們不是要教導新生代嗎？請問你憑什麼呢？為人老師，為人父母，憑道啊。所以要說父母之道跟師道，師道尊嚴嘛，天下父母心嘛，當你做為人家的父母，人家的老師的時候，你的身上要有一個「道」，來自經典的「道」，有了道才能夠生天生地生萬物，生百姓、生兒女、生學生。你沒有這個道就沒有了人間的生成美好。

憑什麼可以生成萬物？老子用兩句話說，第一句話叫「獨立而不改」，第二句話叫「周行而不殆」。你要發現我又引到「立」跟「行」哦！不是要站起來嗎？不是要走出去嗎？不是要一生一世嗎？生生世世嗎？請問天道怎麼可能天長地久呢？生天生地生萬物呢？因為人家的第一個人格特質，我姑且用人來思考，講人格特質事實上說的是天道的性格，天道的第一個性格是獨立而不改，我們希望對岸的朋友要讀《道德經》，你讀到這兩個字，對台灣就不會這麼緊張，台灣人站起來，台灣要有獨立的天空，這是就生命價值的觀點來看，不要那麼政治味，台灣人要有自己的天空，這句話怎麼會錯呢？人人頭上一片天，哲學就給我們天空，給我們一個無盡伸展的空間。不然人間街頭只有拓展地盤，拓展地盤一定壓迫別人，人人往上走就不會，你有你的天空，我有我的天空，大家海闊天空。你往外擠的話，就擠到身邊的人，擠到自己的同學，擠到自己的同事，人人向上走的話，人人有無窮無盡的空間。

這個意思孔子叫「下學而上達」，「下學」不是考第一名，而得罪每一個同學，為學都是往上走，叫下學而上達，不是下學而拓展我的排名。任何考第一名的人，都是得罪全班的人，所以基於善意，我勸他們跟全班道歉。因為你實在不應該把全班同學比下去，大家都是一起長大的兄弟姐妹。所以功課好的同學一定要做功德，功德就是去幫助其他功課不好的同學，這樣的話，你考第一考第二，人家就不會那麼討厭反感。

所以獨立就是要有自己的天空，且人人向上走。我們讀《論語》第一句話：「學而時習之，不亦悅乎；有朋自遠方來，不亦樂乎」，「學而時習之」是自我成長，「有朋自遠方來」是人跟人之間的感應會通，還是自我活在天下喔！我自己不斷的學習，充實自己也提升自己，此時志同道合的人，就會聞風而來，你看不會寂寞了吧！大家志同道合，可以共創人生的美好。底下還有一句：「人不知而不慍，不亦君子乎！」在某些時候人家不了解我們，甚至人家不要我們，你被擠出歷史的舞台，孤立在人間的一個角落，這個時候，你要自己救自己，儘管天下人不了解我，我也不會生他的氣。不會生悶氣，不會覺得台灣人對不起我，台灣這麼好，大陸朋友都不了解也不會去生他們的氣。孔子最大的涵養在此，因為孔子還有一句話：「知我者其天乎！」能夠了解我的，大概只有老天吧！當孔子這樣說的時候，他已經得救了，因為他在走天道的路。

我們都歎惋自己懷才不遇，怎麼自己的父母、自己的兒女、自己的先生、自己的太太看不到自己的好呢！天下人可以不了解，你們怎麼可以不了解！很少人想過，爸爸媽媽也被困在那裡，他每天的感傷也跟你一樣，他也在感傷為什麼兒女不體貼我，而你卻在等待爸爸媽媽為什麼沒有更愛我。先生太太間亦如是，人生每一個人都立身孤島，我們要走出來；要走出來，就要先獨立，你要自己站得住，站得穩，你才有心情，有空間跟餘地，去照顧你身邊的人。

所以現代的人生問題就在，父母親是很悲壯的，那兒女呢？兒女是很委屈的。再說學生是很委屈的，老師是很悲壯的，這是兩代間的；那兩性呢？太太是很委屈的，先生是很悲壯的；那兩岸呢？台北是委屈的，北京是悲壯的。一個委屈一個悲壯，人際關係永遠不能平衡，悲壯跟委屈的人都給不出空間。他給不出空間，你也給不出空間，這就是今天兩代、兩性、兩岸最大的難題所在。

我們先要學會人格「獨立」，人生要站起來嗎？你要靠自己站起來叫獨立。〈第二十五章〉講天道的性格，最後一句：「道法自然」。「法」是效法，當動詞用，我們不要說成效法，因為「自然」好像落在道之外。「人法地、地法天、天法道、道法自然。」王弼說是「不違」，人不違地，地不違天，天不違道，道不違自然。我的解釋是「不離」，人不能離開大地的承載，地不能離開上天的遮覆，天不能離開道的生成作用，那道呢？道不能離開它自己如此的形上性格。所以自然是我自己如此，不是指涉自然界或自然現象。老子講的「自然」是一個價值觀念，人生不是要找到自己的「然」嗎？我的「然」就是身為人家的父母，身為人家的老師，身為人家的朋友，身為台灣的一分子，這是我的「然」。因為你要以台灣為榮，你要以身為台灣人為然，我的「然」就是我生在台灣，長在台灣，這是我的「然」。所以我們的「然」不能從外面來，因為外面來靠不住，這個佛門叫「緣起性空」，依外緣而起現，故無自性。你沒有自己的支撐，因為你的「然」，是人家給的，那是海市蜃樓，隨時都會垮的。它垮你就垮，因為你靠它。

美國總統靠得住嗎？美國太平洋艦隊靠得住嗎？美日安保條約靠得住嗎？所以台灣講獨立，就是台灣靠自己，台灣的好靠我們自己去打拚出來，是我們給自己的，是我們自己的好，全世界沒有任何一個地區可以搶奪我們的好，這就是台灣人的道法自然。「然」從自己來叫自然：從外在來叫他然，所以「自然」的相對最恰當是「他然」。所謂「獨立」不只是政治的意味，而更是價值的意味。價值的意味在哪裡？「然」從我自己來，靠我自己站起來叫獨立。道一定要靠自己，因為道不靠自己，就不可靠了。萬物靠道，道又靠別人，那道怎麼會可靠呢！那不是變成泥菩薩過河，自身難保嗎？菩薩若是用泥巴做的，還能帶我們過河嗎？那走到一半祂已經不見了！

所以道要成為道，道要生天生地生萬物，做為天下萬物的依靠，一定要有一個最重要的性格，那就是道要永遠是道。道永遠是道？它要自己立，叫獨立。道靠它自己，它自己永遠在那裡，獨立就可以不改。一生就可以不改本色，不改初衷，只因為我靠自己，我才能一生的堅持。我童年的天真，青少年的浪漫，青年的理想，一生堅持，到了五十歲、七十歲，我還是保有原來的天真、浪漫跟理想，這叫自然。人生最重大的品質，就是到了四、五十歲，五、六十歲，或六、七十，七、八十的時候，我們發現年少的美好品質依然在我的身上，這才是人生最重大的成就。我並沒有在人生路上，讓人生的美好消失，所以要保有童心，維繫浪漫，堅持理想，這叫獨立而不改。

儒家講性善，道家講天真，我們都是天生的，老天爺生給我們的就是天真。天真就是天道內在於我們的「德」，我們有食物的養分還有陽光、水分、空氣，另外有一個無形的養分，來自於天道的源頭活水，深植於人性的天真。「為有源頭活水來」，不是朱子講的嗎？朱夫子說人的心就像半畝大的方塘一樣，半畝那麼長那麼寬的四四方方的水塘，「半畝方塘一鑑開」，方塘是方方正正的水塘，但水是透明的，虛靜如鏡就像鋪陳在大地上的一面鏡子一樣，天光跟雲影，就在我們的心鏡裡徘徊，天光那麼遠，雲影那麼飄忽，但是我們的心可以照現。你看人生多美妙，天光的善，雲影的美，雲影是很自在的，通通映照在我的心田裡！就好像「千江有水千江月」一樣，天上一輪明月，在千江映照中。所以不要老是把理想、把美好看成那麼遙遠，原來你可以把它呼喚過來，就在吾心照現。虛靜心就是「半畝方塘一鑑開」，天光雲影在吾心徘徊。就在這裡，每天就在這裡，善跟美都在這裡，「問渠哪得清如許」，請問這面鏡子怎麼會這麼清明呢？少了清明就映照不出來，就看不到天光跟雲影。朱熹給我們的答案是「為有源頭活水來」。只因為有源頭活水不斷地注入我的心田，所以我的心虛靜如鏡，清明如鏡，永遠映照天光的善跟雲影的美。一個大哲學家有時候寫一首詩，我們就受用無窮。相信哲學家體悟的哲理一定會有文學的觸動，讓後代人低迴不已，回味無盡。

獨立就可以一生不改，你這個人的風格，你這個人的品德，是永遠不會異化變質的。不然的話，我們的天生本真，都在人世間不見，也許來自於競爭的壓力，逐步逐步的我們的天真不見了，浪漫不見了，理想也不見了。所以四、五十歲的人，最嚴重的危機就是庸俗化，讓自己變成權勢名利的工具，都是工具的意義，本身不是目的，不是價值。我們好像是機器，每天在那邊運轉，你變成機械化部隊，讀書的部隊，工作的部隊，就少了那麼一份自我的貼心！也成全不了自己的美好。獨立不改；用簡單的話來說，那就是我永遠是我，我永遠是我是很困難的喔，人到中年不是「言語無味，面目可憎」嗎？你會突然發現，我這個人怎麼會講出這樣的話，你在鏡子面前，會問自己這是我嗎？自己變成不是自己，自己受不了自己。在十多年前，早上十點左右，在客廳喫茶，隨手開關一按，電視鏡頭出現，我一看，那個人不是我嗎？正好看到我自己在演講，看了兩三分鐘，自己受不了了，趕快關掉！這才發現原來人生最美好的歲月，已經離我遠去了。

人生在世，要能少也天真老也天真，少也浪漫老也浪漫，少也理想老也理想，這是人生最重大的品質，這叫永不變質。我永遠是我，你可以跟父母保證，兒女永遠是兒女；可以跟兒女保證，父母永遠是父母。你的兒女是不會變質的，你的父母是不會變質的，這樣他們才安心。父母老了，最害怕兒女不見了；兒女在成長路上最大的恐懼，就是父母不見了。我們一定要讓他們永遠安心，兒女永遠是兒女，父母永遠是父母，我永遠是我，我永不變質。

道體是「獨立而不改」，而一生歲月，一路走來也都要如此。試看檯面上的政治人物他們講話怎麼跟當初不一樣呢？怎麼會差那麼多？才幾年工夫而已！他們不是要領導台灣嗎？倘若沒有「獨立而不改」的人格特質，我怎麼相信台灣會有「獨立而不改」的未來！你要讓父母安心，你要讓你的兒女安心，你要讓台灣人民安心，人生就要永不變質，我永遠是我。父母年老你要讓他知道兒女永遠在身邊，不是用言語說，而要用行動來保證。

吾家爸爸是跟大哥大嫂住，我跟弟弟，我們每個禮拜六、禮拜天都要帶妻兒到那裡聚會，爸爸一看，幾個都在這裡。他九十幾歲，他看到兒子媳婦都在身邊，孫兒女聚集一堂，他就很安心。人人都是永遠的兒女，老去的父母就不會失去照護了。

有個新聞標題很動人：「永遠的蔣夫人」。我就為另外一位蔣夫人抱屈，我最敬重的是蔣方良女士，她也是蔣夫人，但是她很道家，她不做蔣夫人，她自我隱藏，所以她更是蔣夫人！這樣可以了解嗎？蝴蝶不是蝴蝶，所以蝴蝶更是蝴蝶！莊周不是莊周，所以莊周更是莊周。原來加一個「不」，會讓自己更崇高、更偉大。《道德經》講：「上德不德，是以有德。」〈第三十八章〉一個有德的人是不執著或凸顯自己的德，他隱藏自己的德，而這樣的人才是更上一層樓的德。不過永遠的蔣夫人還是永遠的蔣夫人，在國難當頭，她當然要出現在歷史的舞台上，她扭轉了當時的情勢，我們當然很景仰。我只是提醒，當我們說永遠的蔣夫人的時候，除了想到歷史舞台上曾經閃亮一時的蔣夫人外，千萬不要遺忘了另外一個「上德不德，是以有德」的蔣夫人。她應該得到所有台灣人的尊重。她是道家式的永遠，而不是儒家式的永遠。

那「道」的第二個性格呢？就是「周行而不殆」。獨立還要周行，站起來還要走出去，天道的走出去，跟我們的形態不同，我們人在台北，就只在台北，你飛往東京就只在東京，飛往舊金山就只在舊金山，你不可能同時出現在世界每一個角落；但道卻可以同時遍在世界每一個角落。就因為這樣，世界每一個角落才有生機啊，才有動力的源頭。道無所不在是為「周行」，周行不要按照字面來解；好像「道」繞著圓周跑。你以為道在練習跑步嗎？道的行是同時遍在，就如同父母的心永遠同時遍在兒女的身上。不管他在哪裡，美國、或在金門，不管在哪裡，天下父母心同時遍在於他們的身上。吾家女兒在美國雪城讀書，我們心裡面想的都是她，不一定通上電話才會有，在某一個時段我就想她那邊幾點？正在做什麼？剛好跟這邊相反，我們白天她們晚上。而時鐘是一樣的，所以我去紐約的時候，我的手錶不撥，因為鐘錶不分白天晚上。同樣的幾點幾分，原來我跟女兒走在同一條路上，同一個時間的錶上。所以道是無所不在，父母心也是無所不在。

但問題是天道怎麼可能無所不在？只因為它獨立，他永遠是他，所以它可以永遠陪伴他，獨立的人才可以周行，你可以讓我們的小兒女到美國當留學生嗎？他那麼小，他才國小，他才國中，他還沒有安全感，他不能自己負責，你可以讓他到加拿大、美國讀書嗎？到紐、澳讀書嗎？不能啊，因為他沒有獨立，所以小兒女不能周行，唯一的補救就是媽媽陪行，媽媽陪著去天涯海角讀書。

台商到每一個地方，台灣的學童也到每一個地方，我們真的把地球當作一個村，叫地球村。台灣人無遠弗屆，出現在世界每一個角落。但是我們要具備獨立的人格，你可以靠自己，你可以保證你永遠是你，你才可以高飛遠走。

所以問道為什麼可以周行？只因為它獨立。我們獨立，我們才放心自己，走入全世界，到哪裡我都是台北人，我在巴黎是台北人，我在華盛頓是台北人，到東京我也是台北人，到北京我也是台北人，這樣的話，我們的周行才不會迷失，才不會悲壯，獨立總要周行的，不然的話你就寂寞荒涼。你再怎麼靠自己，你還是寂寞荒涼，你要走出來，走遍天下，叫周行。台灣要走入全世界，事實上台商做到了，這是偉大成就。所以我們不要太擔心受怕，你不一定要把每一個人留在台灣，台灣資金龐大，台灣的市場已經容納不下，他要往外拓展，不只是拓展地盤，還「下學而上達」，台灣人到每一個地方，要讓人家對台灣人肅然起敬。不是光開拓市場，找到投資的市場，我們還要展現台灣特有的品味跟風格。包括出國觀光的每一個人，言談、舉止，要有教養，展現內涵，因為你走出去讓人家看，你那麼笨嗎？把最難看的給人家看。我們觀光旅遊團走出國內，人家都不用問，就知道台灣團來了，我的意思不是作秀踢正步，到巴黎、華盛頓去踢正步，存心把人嚇死嗎？台北的閱兵大典怎麼在巴黎、華盛頓舉行？當然不是，而是指我們的品味風格，我們的人文教養，我們的文化內涵，我們的神采氣質。人家一看就知道來自於台灣，這才是台灣的尊嚴與榮耀。

有一回我在香港啟德機場，哇！怎麼這麼吵這麼亂，仔細一聽，說的是台灣話，我趕快閃到一邊去。你在香港啟德機場，讓香港的同胞知道，來自台灣的人是怎麼樣的一副德行！這實在是讓人傷感，還有一點震撼！就算是在台灣島內，人家進到我們的國內來看我們，你要不要展現一點台灣人的風格給人家看？人家那麼有情義，不遠千里而來，到台北來看我們，我們要不要把好看的給人家看？守一點交通規則嘛，台北要乾淨，守規則更要有禮貌。現在在大學的青年朋友可真眼中沒有別人，我算是老教授了，怎麼下課時節，學生都往我這邊衝過來，也該讓一點空間給別人，表達尊重或敬意。學生用二十歲的步伐跟節奏，一路衝過來，一路擠過來，我怎麼會受得了！

獨立的人，才可以周行，才具備周行的素養與力道。周行不僅同時遍在，還要加上一個「不殆」。不殆就是永遠不會停下你前進的腳步，人生路不會走一半停下來，一生一世叫「不殆」，永遠走下去。怎麼樣的人，可以一生一世永遠走下去？

老子告訴我們，「不改」的人。不改的人，才可以一生一世永遠的走下去；「改」的人，為什麼走不下去？因為你發現原來那個主角，已經不是自己了，你會受不了自己。童年的我、青少年的我、青年的我，通通不見了。現在這個我，還是過去的那個我嗎？我還是我嗎？當我不是我的時候，人生路怎麼走得下去！所以一定「不改」的人，才可以「不殆」，永不變質才可以永不止息。「愛永不止息」，那是來自基督信仰的話題，我不是基督徒，也不是佛弟子，我是拜天公、土地公跟拜祖宗的人，我的阿公、阿媽這樣拜，我的父母這樣拜，所以我也這樣拜。這一點我很單純，這個跟你讀的書，跟你的學養不相干，這叫文化傳統，這叫香火永傳。一代傳一代是香火永傳，還不只香火永傳，也要薪火永傳。薪火是從老師來，這兩把火不能在我們的土地上熄滅。永遠在那裡，所以要永不止息。「愛永不止息」的前提，是「愛永不變質」。

愛會變質的喔，你會對你最愛的人，生最大的氣，你永遠去怨對我們有恩的人，會去恨對我們有愛的人，因為你不會去怨或去恨天涯陌生人，所以人世間沒有怨，也沒有恨，怨恨是負面的、消極的存在，所有負面，都是從正面沒有得到充分實現所拖帶出來的後遺症。愛沒有實現，所以產生恨；恩沒有充盡的完成，所以才出現那個怨。那麼為什麼沒有充分完成？因為你不再是你了，你不再是童年的你、青少年的你、青年的你了，所以就沒辦法充分的完成。相愛的人之間，總會有遺憾，你可以對我更好，你今天怎麼會以這樣的面貌出現，所以會由懷疑而動搖，永不變質的愛，才是永不止息的愛。

我們都希望這個愛天長地久且永不止息，但是我們都忘掉根本在永不變質。永不變質是我永遠是我，永不止息是我永遠陪他。這個他是為人父母，是做人家的兒女、是先生太太、是我們一生的朋友、甚至是我們的同事，是我們的社區、我們的鄉土。我永遠陪他，我永遠跟台灣同在同行，這個是很大的心胸氣魄。但這樣的心胸氣魄是要有源頭活水來，要我永遠是我，所以永遠要為我們所愛的人，疼惜我們自己，珍重我們自己，讓自己我永遠是我，你才會永遠陪他。

你不必說：「我把一切都買給你！」他不要一切，他只要你。人生很弔詭，我們都在追尋一切，試圖來榮耀父母，但父母不要一切，他只要你，他只要兒女在身邊。爸爸希望把一切都給兒女，但兒女卻希望在人生最重要的歲月，爸爸在身邊。在青少年的年代、血氣未定的年代，最需要爸爸媽媽的陪伴。但是兒女處在青少年階段，而父母正在創業的關鍵年代，他要跟天下人去打拚、去競賽，兒女卻在動搖不定的階段，人生在最重要的時刻，你沒有在身邊，你錯過陪他成長的美好，此後他不等你了，他跟同學走了。今天我們發現青少年跟同儕追逐流行比較多，跟父母的兩代傳承比較少，這就是為什麼我們的文化傳統傳不下去了，重點就在這裡。

【無形的關楗與繩約永不被破解】

〈第二十七章〉有云：「善閉無關楗而不可開，善結無繩約而不可解。」說得真精采，經典就是經典。人生自我要保護吧，保護要「閉」，關起門來才能保護一家人，所以要閉。自我要保護，那天下呢？天下人要結交啊。你要去結交朋友，你才能從自我走出來，去結交天下的朋友，結交朋友叫「結」。閉通過關楗來閉，關楗就是門鎖，傳統老房子都是兩片門往外關，後面有一截木頭把它栓住。

你到南京中華門看，有五重城門，那是明太祖時代的石頭城，重重關卡，重重門鎖，來保護皇都京城。讓外人進不來，可以保護自家人。問題在，別人進不來，自己也出不去。台灣住家的鐵門鐵窗，讓消防隊前進無路，我們只想到外面的人進不來，可從來沒有想過裡面的人要怎麼出得去！所以閉變成「自閉」，形同自我禁閉。

所以我們每到一個陌生的地方，不管你住的是幾星級的飯店，要先看安全梯在哪裡，假定停電的話，你可以摸索逃生嗎？至少看看位置圖，知道你的房間在這裡，安全梯要往哪裡走。不然的話，到時候燈光一熄滅，你慌了手腳，分不清東南西北，那怎麼逃離災變現場，所以人生永遠要為自己預留退路，留給自己活路跟生路。你不能夠把自己擠到一條死巷，不是光為自己，也為每一個人。所以真正會閉的人，是不用有形的門鎖來鎖的，因為任何有形的門鎖都可以被破解。即使是你的金融卡或是信用卡設了密碼，也會被人破解，將你戶頭裡的錢全部領走。那個叫盜刷，是滿恐怖的，有一位立委先生還當場表演，他帶了記者小姐，用他的金融卡刷一下進去，人家等在那裡側錄，就用這張偽造的卡，立刻有效的領到錢。當下把那個記者小姐嚇得要死。假的卡真的領出錢來了。所以人世間會亂，就是因為假的變成真的，此後我們就不再相信真的，這個不是很大的困擾跟難題嗎？國稅局、中華電信、檢調處的電話沒有一家可以相信的。他不曉得要如何保證，說我講真的，好啊，你們都是講真的，問題是說真的卻是假的。

現在就是大家都不相信，這是人世間最可怕的事，我們不相信真相，不相信真情，也不相信真理。因為人家造假，偽裝混亂了整個社會的理序。所以任何有形的門鎖都會被破解，真正會閉的人叫善閉，要做到不可開，你才是善閉。那怎麼樣的門鎖才不會被打開？只有無形的門鎖。用現代的話語說，那就是門不要上鎖。

你不要以為我開玩笑，民國六十幾年，我在輔仁大學兼課，教授專車裡，大家都說遭了竊盜；就有一個好朋友林立樹先生跟我說，我現在出門不僅不上鎖，還把大門打開，上寫四個字，「歡迎參觀」。拜託，你真的這樣做嗎？那你是演出孔明空城計。空城計一次可以，第二次就不靈。人家孔明妙計多多，你卻只有永遠的空城計。永遠的空城計就永遠被破解，對方隨意進出，如入無人之境。所以每天都把大門打開，不一定有效。只有無形的門鎖，才不會被打開，這叫善閉。

台灣的國防真的只靠武器嗎？除了武器更要靠台灣的榮耀，台灣的尊嚴，台灣的民主跟法治，更根本的是台灣人的教養，說台灣成為全世界最前進的地區，那就沒有任何國家可以否定我們的存在！因為你出現在世界的舞台，既亮麗又光彩，沒有人可以抹殺我們，所以不要忘記讓台灣更好。

再說「結」不是結交嗎？結交靠什麼，靠「繩約」，用繩子來綁叫繩約。人間行走要結交朋友，本不是兄弟做兄弟叫結拜，本不是夫妻當夫妻叫結髮，本不是盟邦當盟邦叫結盟。但是結有後遺症，你不小心就把它打成「死結」。

小朋友成長年代繫鞋帶都有這個經驗，他哪裡管什麼結，他一回來，隨便一拉，就成死結，在那邊生自己的氣，滿臉通紅，甚至拿剪刀把結剪掉，再被父母追著打。我不是在說別人，我在說我自己的童年往事。

「善結無繩約」，我們的結都用繩約，但有形的繩約是會被剪斷的。我就看過一個很天才的鏡頭，一個媽媽在衡陽路逛街，用一條揹巾，一端綁在媽媽自己的腰圍，一端綁在兒子的身上，有如接續了母子間的臍帶，她就放心好逛街，兒子就繞著媽媽的周圍走，很安全吧，這是很負責的媽媽。媽媽的母體跟兒子是命運共同體，我永遠是我，我也永遠陪他。母子一路往前推進，不過我就為他捏了一把冷汗，因為只要用一把剪刀它就斷了，會變成斷線的風箏，兒子一去不回頭。因為他還小，幼稚園小班吧。

「約」當動詞用，用有形的繩子來綁，是可能被解開的。真正不可破解的是母子間的一條無形的鎖鍊。你不要用有形的繩索把兒子綁住，綁不住的，你越綁他越想離開。你放開他回來，你給他天空，他天天回來。

兒子都有戀母情結，我在說我自己，所以媽媽過世我幾乎承受不了，因為你最親的就是她，她沒規定我幾點要回來，但天下的兒女總是繞在媽媽身邊的，所以真正會結的人是不用繩子去綁的，所以他永遠不被破解。

老子講的「善」，是無心自然，會關閉的人，會打結的人，真正會鎖門的人，真正會打結的人，是用「無」形的門鎖跟繩索。所以關鍵在「無」。老子的生命大智慧在「無」，是用無形的繩索來綁，無形的門鎖來關才不會被打開破解。而所謂的「無」就是在我們的心。你心裡面有他，他心裡面有你，還要門鎖嗎？還要繩約嗎？兩個人自然天長地久。不然的話，你限制我，我限制你；你綁住我，我綁住你，兩個人耗到最後，愈來愈疏離，愈來愈受不了對方，還不如放開，給他空間，反而兩個人之間存在著那條無形的鎖鍊，可以永遠的維繫在一起。

【自己受得了，別人也願意】

我們再看這句話：「挫其銳，解其紛，和其光，同其塵。」這句話同時出現在〈第四章〉跟〈第五十六章〉。「挫其銳」要我們挫損自己的鋒銳，因為你的鋒銳會變成你的紛擾，不要太犀利，不要太衝動，挫損自己的鋒銳，就可以解開自己的紛擾，這叫「解其紛」。挫損自己的鋒銳就可以解開自己的紛擾，因為你的紛擾是從你的鋒銳來的，反應很快的人，口才很好的人，很犀利尖銳的人，很霸道強勢的人，總是會帶來紛擾。所以人生的修行要收斂自己的光彩亮麗，不要賣弄，不要炫耀，不要老嗆聲自己是天下第一劍，人家每天找你比武，逼得自己每天打擂台，因為你號稱天下第一，他以為你傲慢，而你擋住了他前進的路。所以挫損自己的鋒銳，才可以解開自己的紛擾。

不然的話，紛擾很多自己會受不了，你工作受不了，讀書受不了，因為太多紛擾了。問題是有沒有想過紛擾從哪邊來？那是你太光彩亮麗了，太尖銳鋒利了，所以紛擾都集結在你的身上。我挫損我的鋒銳，我就可以解開自己的紛擾，那你自己就可以受得了。太多時候我們是自己打敗自己的，自己受不了自己的，讀書人家哪裡會擋著你的路，創業人家哪裡會擋著你的路，是你自己承受不了集結在你身上的紛擾。是是非非叫紛擾，是是非非從哪邊來？你太厲害了，你太精明了，你太領先了，所以挫損自己的鋒銳，才可以解開自己的紛擾。

第二句就是要「和其光，同其塵」，消融自己的光芒，你就可以融入群體，混同自己於塵土叫「同其塵」。因為消融自己的光芒，人家才願意跟你在一起。人生在世，你要成功立大業，第一個要自己受得了，第二個要別人也願意。一個是自我，一個是天下，自我受得了，天下人願意，事業才有拓展的空間。挫損你的鋒銳就可以解開你的紛擾，自己才受得了；消融自己的光芒，而跟別人站在一起，這樣別人才願意。人生或許如塵土，你要認同承受，跟俗世在一起，跟工作在一起，這個叫同其塵。你不能有潔癖，不能孤芳自賞，因為人不能把自己鎖在保險櫃，或活在真空管裡。所以，自己受得了，天下人也願意，這兩個加起來就可以成就我們一生的美好。

道家功夫在心上做，心要無心是虛的，無執著無分別，可以無限的包容，像道一樣的包容萬物。在舊時章回小說說是乾坤袋，你的心像一個乾坤袋，把天下的寶貝收進來都不會滿，再不斷地把寶貝給出去也不會盡，因為它無窮無盡，它是虛的，它不是實的，實的就有一個底，那就有限，心是虛的，就可以無限的包容。無限的容受，也無限的付出。

不要擔心愛一直進來怎麼辦，不會把它塞滿嗎？愛一直給出去怎麼辦，會不會把它刷爆了？那萬一塞爆了呢，掏空了呢？那不會，因為你的心是虛的，愛可以不斷的進來，愛也可以不斷的給出去，虛可以永不變質就永不止盡。

這個虛還有一個獨特的妙用，像鏡子一樣的照現人間。鏡子可以看到每一個人，我們不是要看到父母，看到兒女，看到先生太太，看到我們的同學、我們的同事嗎？看到台灣鄉土台北街頭嗎？那你的心要像一面鏡子，心是虛的，平靜如鏡，鏡子沒有自己，但是鏡子照現每一個人。

我們的魅力在哪裡，我每天看到身邊每一個人的美好，這就是我的魅力。原來人格魅力不要有多大的創造，只要你貼心一點，讓自己的心像一面鏡子，永遠看到親人朋友的美好，就可以展現你的人格魅力。而這樣的眼光，是從老子來的，用太上老君的《道德經》來看人間世界，你會看到人生的美好，人間的真情，還有天下的真相。所以「無」一方面是乾坤袋，可以無限的包容，無限的給予；「無」另外一面是照妖鏡，你用你的心鏡去觀照，照破妖惡假相，對方不必作假，所以妖惡就不會出現。作假是妖惡，我們不是說妖怪嗎？花精鬼狐化作人形，那是作假偽裝跟仿冒，會引發人的錯覺。虛靜觀照，沒有預期也不給壓力，對方不用擔心，不用受怕，作假是多餘的，就會以真實的面貌出現在我的面前，所以照妖鏡的背後，就是照現它的真實的美好。每一個人心裡面沒有忌諱，很放心地在你面前展現自己，活出自己的真實美好。

美好的「有」生於修養的「無」

最後，我們來講〈第四十章〉的一句話：「天下萬物生於有，有生於無。」那個「有」就是指涉天下萬物的真實美好，天下萬物的真實美好生於道的「有」，而道的「有」是通過道的「無」而來，天道有兩面向，一是有，一是無，人跟道一樣的修行，人要有道行，你的心要虛要無，就像道體一樣的「無」，既是照妖鏡，也是乾坤袋，你可以無限的包容萬物，可以照現天下的真實美好。那不是「半畝方塘一鑑開，天光雲影共徘徊」嗎？天光雲影在哪裡，就藏在我的心裡面，我的心就照現了天光的善、雲影的美。那天下的美好就永遠跟我們同在，永遠跟我們同行。總之，從形上原理來說，是「有生於無」，從人生修養來說是「無了才有」，人間一切美好的「有」，都從心的「無」而來。

第8講：一命二運三緣分

——老子道德經的人生智慧

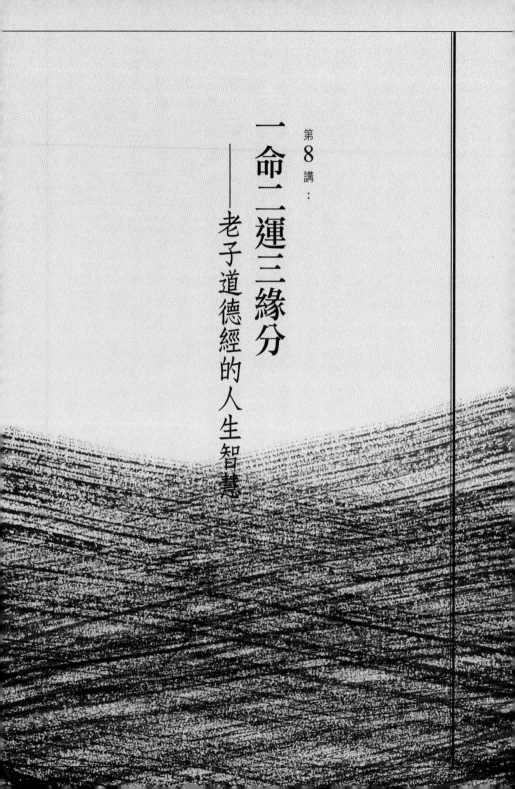

今天我要講的題目，是通過傳統「緣」跟「命」的觀念來說人生。「緣」的觀念來自佛門，「命」的觀念來自於儒、道兩大家，事實上，這樣的關懷已經是儒道佛三大教，同時落在我的思考中。這十幾年來，我們一心一意要為儒家文化，為歷史傳統背負知識分子的責任，所以鵝湖的朋友幾乎都很儒家，但是學界有一個很奇特的發現，就是這些鵝湖的朋友，很多人都在講道家，這很不可思議；事實上，我們是通過另外一個切入點，從道家的心靈成全儒家的理想，因為儒家的理想似乎有點壓迫。剛剛，我就被王鎮華先生震懾住了，呼吸都不敢太大聲，生活總是要自在輕鬆的，那麼，我們可不可以用道家的心靈去實踐儒家的理想？我的儒道之間，就是往這個路上推進。我的「緣與命」的觀念，事實上是老傳統的觀念，但是我把它放在現在街頭，試圖來詮釋當代存在的困苦，看看能不能通過這麼簡易的理念（它是個生命理念，不是一個知識概念），來釋放出它的內涵，所以我就講緣與命。

【福報來自德行才能長久】

確實，「緣與命」的問題，是曾昭旭教授逼出來的，因為他答應演講，題目叫「情與理之間」，後來時間衝突，只好由我去講，既然原來是「情與理」，那我就來一個「緣與命」。我講「緣與命」，在民國七十二年，很受注意，我自己的關懷也沒有停過，後來我又想，緣與命實際上是一個福報的觀念，可用來解釋人生的福報。人生的福報不能離開德行，不然，《易傳》就不會把《易經》的吉凶轉換成善惡，所以我想，你怎麼可能給出一個福報的答案，而沒有給出德行的開發？那那個福報何德何能？人生的福報無法消受，就是因為你沒有德行作為支撐，福報終究是過眼雲煙。所以我進一步想，可不可以用老子的一二三，天道的一二三，德行的一二三，來說福報的一二三，人間的一二三。

【一二三是老子「生」的原理】

我把原來「緣與命」的觀念，變成「一命二運三緣分」，這樣的說法有點背離傳統，傳統是「一命、二運、三風水、四積陰德、五讀書」，用一二三四五來詮釋人生的福報，從重要感來排它的位階。我不是要標新立異，刻意說自己與傳統有別，來開創出自己的天空。傳統說「一命、二運、三風水」，但我認為「風水」的分量遠不如「緣分」，因為「風水」是靜態的，它是死的，它只是一個存在的時空，「緣分」是人跟人心靈的激盪，生命的感應，生命的激發。有一回，我跟朱高正委員到北京訪問，朱委員那時候如日中天，所以我們在北京行走，公安老是全面監控，所有的座談、對話一律錄音。有一天，我們到定陵去參觀，「邦雄兄你看，我們放眼四顧，都是明十三陵，天下好風水盡在於此。」我狠狠回了一句：「有什麼用？還不是亡國？又亡得那麼難看。」所以我想，不能光講風水，也要講緣分，緣分來自於人跟人間情意的交會，與理想的激發。儘管「緣與命」很風行的時候，老是接到電話，要嘛就是有人從屏東一大早打電話，說：王教授請你講兩個數字，我說幹麼？明牌啊，你不曉得你是明牌嗎？我說為什麼找我給明牌？他說因為你寫《緣與命》啊。我說，緣與命你有沒有讀過？他不答。我當然拒絕給明牌，把我當作什麼人？他說你不說嗎？我不說。那就零零喔。我說那是你說的。沒有說也要負責任嗎？另外，有一位女士也是一大早就打電話給我，說：王教授，可不可以請你到我家來？我說做什麼？幫我家看看風水。我問為什麼，她說，我跟先生處不好。我問，那為什麼找我？她說你寫《緣與命》啊。我才知道，《緣與命》讓我變成王鎮華先生最討厭的權威。我跟她說，風水是排物的位置，物是死的，不會有感應，最重要的是排人的位置，你和先生的位置，你跟公公婆婆的位置，你跟兒女的位置，夫妻間、母子間的互動，才是人生美好依附的關鍵點。所以我認為，我們應該用「緣分」來取代「風水」。那麼，把「四積陰德五讀書」抹殺了？也沒有，我把積陰德、讀書消化在我所謂的「緣分」的「分」裡，我的「三緣分」已經涵融了四積陰德五讀書，就以這樣的「一命二運三緣分」，來回應老子天道的一二三。

我剛剛說，我的關懷就是任何福報，來自德行。有德的人有福了，這是通貫各大教唯一的一條，所以我給它的名號叫天條，只有這一條，人間所有福報來自德行，有德的人有福了。所以我想，不能再光講緣跟命，應該從德行的一二三，來開發福報的一二三，這是當初會引用《道德經》的一二三來取代，最重大的理由所在。

傳統知識分子永遠有一個使命感，就是儒家式的內聖外王，內聖的修養和外王的事業。中國知識分子的宗教是政治，這樣的政治是一個廣義的、外王學的政治，包括教育、學術、文化，中國第一流的人物往這邊走，他談治國平天下。自己有德，有德的人不為福報，內聖是「德行不為福報」，這是內聖的極致，但外王就是要保證天下的好人得到好報，讓天下的好人得到好報，最直接的路就是政治，所以政治是中國幾千年來知識分子的宗教，考科舉是必經之路，要嘛當宰相，要嘛當太子的老師，這樣，才能夠真正對你的鄉土、你的國度有立即且直接的貢獻，所以，我們對這個時代發言，「德行福報」就成為關懷的主線。

老子有三寶——慈、儉、後

對老子來說，老子還是講外王，我們知道《道德經》除了有修養功夫之外，最精采的是他的政治思想。老子講的一二三，最直接就在「我有三寶，一曰慈，二曰儉，三曰不敢為天下先」，整部《道德經》，唯一老子挺身出來，我有三寶那個「我」出現了，不然他是隱藏幕後的。一二三是什麼？他沒說，我們可不可以用「我有三寶」的一二三來解釋「道生一，一生二，二生三」的一二三，傳統註解有一家是通過「我有三寶」來解四十二章的一二三，但不是最恰當的，因為一二三是代表「生」的原理，所以當我們念這一句的時候「道生一，一生二，二生三，三生萬物」，連續四個生排列在那，它們講生成原理，道生萬物，而整個道的生成原理是一二三。那一是什麼？二是什麼？三是什麼？他沒有直接說，牟宗三教授是依據第一章來說，道生一的一是「無」，一生二的二是「無」跟「有」，二生三的三是有跟無同時朗現的合，這個有跟無的交會叫「玄」，所以三是「玄」，以「無有玄」來說「一二三」。「無、有、玄」，剛好在講道的性格，那我希望以「一二三」、「無有玄」來說「一命二運三緣分」。

事實上，「一曰慈」的「慈」就是無心的意思，天地是無心的，所以第五章講「天地不仁」，天地是無心的，如剛剛王鎮華教授講的「無限的包容」。儒家講孝是從兒女心的自覺講孝道，道家講慈是從天下父母心來講慈，「慈」是整個自然界，飛禽走獸都有「慈」，它是天地生物的奧祕，所以這個「慈」，是無心自然的

「無」。「二曰儉」，「儉」是一種智慧，儉約的智慧，你能夠「無」，能夠無掉執著，放下分別，不要只看見名利權勢，那你的生命智慧豁然開顯，二不是「有」嗎？有什麼？有智慧。通過「無」的功夫可以開顯「有」的智慧。三曰「不敢為天下先」，「不敢為天下先」是當一個聖人要守柔處下，但老子又說：「後其身而身先」，把自己放在最後面，反而會得到百姓的支持擁戴，而居於最前面的位置，原來「後」同時也可以是「先」，這是「玄」。所以事實上，〈第六十七章〉「我有三寶」的一二三，也可以跟「無有玄」的一二三，做一個融會貫通的解釋，它仍然在老子思想的系統中。

「道生一」，一是「無」，道是沒有自己的，道沒有自己最直接的解釋就是「無」，「無」不是一個描述性的觀念，「無」不是描述現狀的一無所有，「無」是一個修養的觀念，是一個修行的功夫，老子的智慧是無了才有，天下所有的美好，所有的有都從無來，「天下萬物生於有，有生於無」，所以道生一的一是「無」，「無」是修養功夫。一生二是「無」跟「有」，道沒有了自己則擁有萬物，這個體會是很簡單的，老師沒有了自己就有了學生，父母沒有了自己就有了兒女，把自己放下來以後，別人的全生命、全人格就在我們眼前展現，這是道家智慧裡面的「觀」，「觀」就是我看到他。儒家思考，老是想把我最好的給他，天下父母，天下老師，或夫妻之間，都希望把最好的給他，但此中有我們看不透的盲點，就是：你把最好的給他，好都在你，對方沒有，對方的好是你給的，他沒有自己的。道家的智慧就是我忘掉我的好，我看到他的好，這叫「觀」，「觀」就是觀照，會照現，這叫「有」，整個真實的世界，美好的世界，就在我內心的虛靜中，在我「無」的功夫下，完全朗現，這個叫「有生於無」。三則是又有又無，又有又無的「玄」，不能說我這個階段是「有」，我前面那個階段是「無」，它不是，它是同時並現，我的「無」顯現我的「有」，這又有又無的「玄」，可以舉例子來說：我在讀書中忘了我正在讀書，我在工作中忘了我正在工作，我當父母忘掉當父母的勞累，我是老師忘掉老師的辛苦，這叫又有又無，這個「無」跟「有」同時出現，就是「玄」，所以我們一定要在工作中休閒，在讀書中擁有一點樂趣，才會長久。不然，長時間以來，你就會覺得我有委屈感，悲壯感，作先生的悲壯，作太太的委屈；當父母很悲壯，當兒女很委屈；當老師很悲壯，當學生很委屈，人際關係開始失和，你要「無」了以後，你原來的「有」，才不會產生牽累、困苦，而感到委屈、悲壯。剛剛王鎮華先生也關心兩岸問題，倘若台灣委屈、大陸悲壯，兩岸是不可能開出溝通的橋梁。只有台灣走出悲情，大陸放下悲壯，才有可能大家回歸道，大陸沒有大陸，大陸可以有台灣，台灣沒有台灣，台灣才可以有大陸。這叫

「玄」。

【又有又無的玄，是救生原理】

我對「玄」的體會，是在念師範的時候上游泳課，老師教我們游泳，又教我們救生的原理，救生的原理就是：你一定要跳下水，你不能在岸上喊救人，而且你要游過去，還要手拉著他的手，這叫「有」，但是所有救人的悲劇就出現在這裡，救人的陷阱在這裡，因為他會把你抱住，我們看到救生的場面，卻令我們傷痛的地方，就是那個救人的人，他也陷溺水中。救生員一方面當然要跳下水，要游過去，用手拉著他的手，但很重要的一個關鍵點，道家的智慧就在這裡，你要用你的腳把對方的肩膀推開，你一隻手拉著他的手，用一隻腳推開他的肩膀，推開他的肩膀叫「無」。然後，用另外一隻手一隻腳游泳上岸。所以救人不是那麼容易的，你要能夠單手單腳游泳才可以，要靠四肢皆用很難救人上來。你要通過這個例子來理解什麼叫「玄」，你要又有又無，你要拉住他，跟他同在，但是又要推開他，保持距離以策安全，這叫玄。所以我才會說，我要忘掉我是老師，不然的話太愛學生；父母要忘掉自己是父母，不然父母太疼兒女，那樣的愛會讓我們陷落，所以，救人不能直接救人。現在醫學的角度說價值中立，醫生是價值中立的，他這樣才能保住自己，但是，價值中立就缺乏溫暖，缺乏體貼，所以大家最討厭到醫院，我連對醫生都這樣說：我不得已才來，不要以為我喜歡給你看。我們不能夠說我價值中立，價值中立，是現代社會的自我抽離，沒有主觀好惡，才有客觀的研究論述。在體制結構中，只有角色、功能，沒有感情理想，沒有生命的交會，沒有心靈的期待。所以，我們一定要跟他同在同行，但是我又隨時把自己放下，解消心裡面那種牽累、困苦所帶來的後遺症。

為什麼人世間愛不能長久，因為愛是負擔，愛為什麼是負擔？因為愛是執著。原來，我們被自己的愛壓垮。所以，要有道家無的智慧，你才有「玄」，情人間要玄，玄情人才可以長久，玄父母、玄兒女、玄先生、玄太太、玄老師、玄學生，這個「玄」代表又有又無，「玄之又玄」底下是「眾妙之門」，「眾妙之門」就是「三生萬物」，原來萬物是在「一二三」、「無有玄」之道的實現原理，道的生成原理中生出來的，我們講天道的一二三，體會無有玄的生命智慧，跟自己的人生體驗照面對話，讓老子的智慧成為你心中的道。

那麼，人間的一二三，福報的一二三呢？它不是生成原理，它是修養。前面是實現原理，是生成之道，而這邊是修養之道。人道的路在哪裡？我們說人道主義，那人生的路怎麼走？人生的路就是走天道的路，不然人生的路東西南北，你要走哪一條？分分秒秒都面對抉擇，都在十字路口，不曉得何去何從，假定我們心中有道的話，我的說法是回家有路，「心中有道，回家有路」，不然就連家都回不去了，連家都沒有了。對我們來說，人道走天道的路，而人不是天，人道是修養功夫。

天生「命」定，無須怨歎

我用三個「天」來講「命」、「運」跟「緣分」。我們回到原來的「一命」，「命」是什麼？命就是「天生命定」，今天我們講的「命」，事實上就是父母生成的，父母生成，很道地的閩南話，從阿嬤那邊聽來的，父母生成的，這是我的命，「命」是指這個意思，它是「天生命定」。天生命定看起來好像已無空間，所以當王充「用氣為性，性成命定」的說法出現以後，大家受不了，這不是命定論嗎？是啊，人是命定的，我的身高、體重跟遺傳基因直接關聯，我的五官要嘛像爸爸，要嘛像媽媽，有時候隔代遺傳，像阿公阿嬤、外公外婆，這是天生命定，看起來已無空間，好像「無」，已沒有伸展的空間啦！這個「無」，我們可以當動詞用，叫修養的觀念，「無」就是因為這個命無可重來，所以請不要怨嘆，不要抗拒，人生最大的難題就是我不要自己，我討厭我自己，我受不了我自己，甚至還問父母：你好意思嗎？你把我生成這樣。所以對我來說，我對命的態度，很直接的講我認命，我告訴各位，英雄豪傑才認命，認我自己，認命就是認父母所生的這個我，認生我的父母，認我所生的兒女，三代一起認，所以，算命是多餘的，命要認不要算。今天出門還卜卦？還要算命嗎？反正你今天一定要來這裡，你答應了參加「生命實踐研討會」，而且你也想跟朋友分享心得，人生認了就好，要「無」，不要怨嘆，不要抗拒，看似沒有空間，事實上，你可以通過你的修行來化解，所以「一命」的那個「一」就是「無」。這已經把天道的「無」引向人間的一二三，我們試圖用天道的德行，來扭轉人間的福報。

【百年「運」轉，未定之天】

那「運」是什麼？「運」，我的說法叫「未定之天」。儘管是天生命定，用佛門的說法，人生就是生老病死，人生就是這樣啊，生然後老病死，你有沒有想過，從生到老病死之間有一百年，這百年人生可以做多少事？是啊，這個我是天生的，天生命定，但百年人生是我走出來的。「運」就是要去活出來，要去靈活的運轉，不然命再好也是死的，你把自己關在家裡，再好的命都打不開出路，所以命一定要走出去，那叫「運」。人生還是未定之天，天還在那裡，不是「天生命定」，而是「未定之天」，這一百年看你怎麼過，我們可以寫出自己的生命樂章，我們可以活出自己想要的內涵，那叫「常名」，你可以走出屬於你自己的道路，那叫「常道」。我們不要落在人間街頭的「可道可名」，走別人的路，那是人家要我們活的內涵。「運」是我可以把最真實的自己、最美好的自己活出來，原來「二運」就是「有」，有一百年的伸展空間，可以讓我們亮麗光彩。

講命的時候，我們先講「認命」，再講「知命」。孔子講「知命」，「不知命，無以為君子」，我知道我的命限，正是人生可能的起點，知道什麼對我不可能，你才知道什麼對我可能，英文系對我不可能，中文系對我可能，它敞開它的大門，所以「認命」之外，還要「知命」。

認命的觀念我是從《莊子》讀來的，莊子不僅認這個我是命，還認同生我們的父母，認同父母，直接的呈現就是愛他，所以莊子說「子之愛親，命也」，這話給我很大的震撼，儒家只說此身是命，道家說心中的愛才是命，他對愛的肯認，比儒家還深刻，「子之愛親，命也，不可解於心」，解不開，所以要認。原來我們很多理念，都從傳統經典消化而來，可是我們都忘記了，生命做一回顧，赫然發現莊子的經典在吾身生根成長。

孔子講「知命」，孟子說「立命」，孟子的「立命」從孔子的「知命」轉過來，走向積極，不是命來限制我，是我來立命，我來決定命的走向。另外一個態度就是莊子的「安命」，「知其不可奈何，而安之若命」，各位要了解喔，「安之若命」是就「運」來說，不是就「命」來說，因為他講「安之若命」的「之」是指人間的「義」，人生兩大難關，一個是自我的命，一個是天下的義，自我的命就是我一生愛我的父母，天下的義是你一生要證明你是對的，無所逃於天地間。我們認命比較容易，但人世間是不公平、不公正的，你很難接受社會的不公平、不公正，但是又無處可逃，你能夠逃到哪裡呢？香港嗎？上海嗎？洛杉磯？舊金山？到哪裡都有治安，到哪裡都有體制，都有規範，你逃不掉，你在人間做人，就要面對「義」，義字剛好是我們的負擔，因為社會正義、人間公義談何容易？我稱天生的不平等叫「命」，人間的不公正叫「緣」。莊子講「安命」，「安之若命」，安天下的義若自我的命，把人間的不公正等同天生的不平等。孟子講「立命」，莊子講「安命」，這是在「運」的範疇裡面，比較好的態度，就在「未定之天」中，一方面你可以「知命」、「立命」，一方面你可以「安命」。

「三運」是指「未定之天」，人人皆有這百年的空間，這百年的人生舞台，儘管天生命定的那個人，是父母生成的，在父母的教養中成長，但這百年人生是我們的。莊子說：「天下有大戒二：其一，命也；其一，義也。」「義」是人間道義，人友朋情義，人在人間行走，最大的難題就是人家認為你不義，你被判不義的話，人間走不出去，而且走不通，不義的批判，是有殺傷力的。大陸用民族大義來責難台灣，說台灣拒統背叛民族感情，有道理嗎？愛是接納，愛是最艱難的，你用一個不義把他判死，那他的人生此後要怎麼過？我不要感情、不要婚姻，我就不會背負不義的罵名。此後我們的傳統開始引入印度佛教的「緣」，用「緣」來取代「義」，我們以緣來回應大陸責難台灣不義，我的回應是：不是台灣不義，只是兩岸無緣。前面五十年是日據時代，後面五十年兩岸分離，所以我們重新學習做兄弟姐妹，做一家人，你用一個不義，只有把台灣推得越走越遠。友朋間分離、情愛婚姻分手，也不是不義，只是無緣，為愛存全可能的空間，不然愛的空間被壓縮。緣比較流動，比較柔軟，義是很嚴正很犀利的，沒有任何退讓空間，所以我講「三緣分」。

相逢自是有「緣」

我們說「命」要「運」，「命」是站起來，假定沒有「運」的話，命是靜止狀態，是死的，你還要走出去，靈活運轉它才是活的。運轉的時候，命往緣中運，你要交朋友，一定要在街頭行走，在鄉土行走，在大中國行走，一步一腳印。命是要站起來，運是要走出去，人生就是要站起來跟走出去，台灣人站起來，台灣人走出去，一個是命，一個是運，台灣站起來是我們的命，台灣要走出去是我們的運，但「運」往哪邊去？不是光美國跟日本，最主要是對岸，是文化同源。「三緣分」，我的說法叫「天作之合」。每一個人都是「天生命定」的，但人生路怎麼走是「未定之天」，兩個人在街頭相遇，兩個人有緣相知，互相看得到對方，互相解讀對方生命的密碼，這叫「天作之合」。

講緣分最大的難題是「緣起性空」，印度佛教的理念，「緣起」是解釋天地萬物的存在，是依外緣而起現，擴大解釋，人間名利權勢，也因外緣而起現，既然是因外緣而起現的，所以叫「性空」，也就是「無自性」。事實上，我們的傳統不是這個意思，我們的緣分充滿了美感和疼惜的意義，甚至是長久的美好。

好幾年前，有一回，聯合報王董事長安排，跟華航的幾位領導人物，財務經理、業務經理到總經理、董事長，邀請我聊天談心，在閒聊中，我很好奇的請教，華航的廣告，從台北飛往洛杉磯，說是「相逢自是有緣」，且講得詩情畫意，我說：請問諸位，這句廣告詞是什麼意思？四位大頭都沒有回答。大概知道我講「緣與命」，面對專家，很難回答。我想，第一個，可能他們真懂，但是我立即推翻，那不可能，因為我想了十幾年才懂，你怎麼可以靈感創意一番就真懂？這是知識分子的傲慢。我說：你們可能真懂，把「相逢自是有緣」說得詩情畫意，我也可以接受，第二個可能，就是你們根本不懂，是誤打誤撞，因為「相逢自是有緣」，緣是「緣起性空」，這句話應該講得很惆悵，充滿了惜別跟傷感，從台北到洛杉磯，這麼多人在一起，是人生美好的緣會，但終究要分離，各走各的路。依據「緣」本來的意思，「相逢自是有緣」應該滿憂傷的，不能夠那麼詩情畫意。我說他們可能真懂，就是「相逢自是有緣」是有緣分做為支撐的。

因為緣會過去，終究成空，所以佛門只能告訴我們隨緣，時間終究過去，我們就跟著時間走叫隨緣，所以我可以有我十歲、二十歲的成長，可以有三十歲、四十歲的創業，也可以有五十歲、六十歲的休閒，隨緣是每一個階段有每一個階段的美好，孔子說：「吾十有五而志於學，三十而立，四十而不惑，五十而知天命，六十而耳順，七十而從心所欲不踰矩。」每十年，人生歷程完全是不同的面貌呈現，所以「相逢自是有緣」是相逢總是有緣分，雖說緣起終究成空，此一印度佛教的理念到了中國，變成不空的緣分，為什麼？因為「緣」是兩命之間、兩個人之間相遇，緣會過去，兩個命並不會散掉，兩個真實的生命主體總在這裡，緣會過去，命不會消散，緣會成空，而命定不空。

為什麼我們會相遇？一定是命裡有彼此間可以感應的地方，可以交集的地方，所以緣分的「分」第一個意思是先天的材質，也許是我們的才情氣魄，我們的性向才情，兩個人之間先天上志趣相投、氣質可以感應，這是先天的因素。「緣分」的「分」有第二個意思，我認為第二個意思是後天的修養，你不能只講先天的才情氣魄。有一回在演講會場，有聽眾提出問題，他說：請問王教授，是命中注定分手？還是緣分已盡分手？反正通通分手，這是既成的事實，他只是在找一個合理化的理由。我說：通通不是。你說命中注定分手，那為什麼當初兩個人會相遇、會相愛？會互相看到對方、互相那麼喜歡？這個緣分的「分」，是你先天氣質上有相互感應、吸引的地方，你的魅力對一個獨特的人而發，這就是緣分的「分」，所以你說命中注定分手，這是不能成立的。什麼叫緣分已盡分手？緣分永遠不盡，這個「分」怎麼會盡呢？「分」叫「本分」、叫「情分」，要「守分」，要「盡分」，人之所以為人就在那個「分」，你怎麼可以說盡了呢？功夫永遠不盡，緣分的「分」，第二個意思是後天的修養。

我講「一命二運三緣分」，一是「無」，雖「天生命定」，卻不會抗拒，也不怨歎，反而去「認命」、「知命」，二是「有」，無了才有，有了百年人生，「未定之天」要「立命」跟「安命」去有它，到了「三緣分」，則是「天作之合」，兩個人的命一定是天生的嘛，叫天作，他們在人間相遇，在人間長久相處，這是天作之合，所以在喜帖裡面最常出現的話就是「天作之合」，這句話很天才，我不曉得他是真懂還是誤打誤撞，也許它就是最平凡的話，可是知識理論把它講得比較微妙。我們看NBA，我的偶像是喬丹，NBA的球跟球場，再好都是死的，一定要有球員、有觀眾，那個球要運轉，球才會活起來，在球場上飛舞，就像舞蹈，打球打到那樣的境界，有點像「庖丁解牛」，跌下去還在運球，身子都傾斜，那個球還是進了。隊友之間要運球，運球還要傳球，不能光運球還要傳球，傳球最重要要有默契，這就進入「三緣分」，我們就知道喬丹的高明不是他一個人高明，他帶動了全隊，他帶動全場，帶動觀眾，帶動全球性的觀眾，那就是生命的交會，那就叫「玄」。不可思議的角度傳球，他一定是「玄」，他一定又有又無，太「有」的人不會把球傳給別人，讓別人投籃，他要知道對方在什麼時候是最好的角度，什麼時候他到達籃下，甚至那個球是往背後傳去，球到人也到，讓人嘆為觀止。

原來，最好的人物、最好的人間也要有「運」，而「運」是要靠人跟人之間、生命跟生命之間的交會，那一方面是來自先天的氣質，再來是後天的修養，先天而有的才氣加上後天的修養，我的說法叫「改運」。為什麼大家算命？就是要改命，改命要靠「玄」來改，因為「玄」才能生成，才能「道生一，一生二，二生三，三生萬物」。我們每一個人要生自己，一定要有「道」。「命」是「天生命定」，「運」是「未定之天」，而「玄」是「天作之合」。「無、有、玄、妙」，美好生成叫「妙」。所以，我說「無」是修行，「有」是福報，「玄」是神通，「妙」是靈驗。這樣，我們就可以通過修養功夫，讓天道的一二三引入人間的一二三，用天道的德行來保證人間的福報。

對我自己來說，這可以有一個知識分子良心的交代，不然，一個學者講緣與命有一點流落街頭的味道。曾經，在《緣與命》最暢銷、最風行的時候，我很討厭自己成為一個暢銷書的作家，有一回，跟聯合報鄉土采風小組到笨港媽祖去參訪，名作家簡媜小姐就特別問我：享有盛名的感覺如何？我說：我不喜歡，我討厭。她說她能體會，她有同感。那一陣子，我在《聯合報》寫專欄，也在《中央日報》寫專欄，《聯合報》寫的專欄是「向生活說話」，寫些生活小品，很有意思，在《中央日報》副刊寫的專欄就完全講儒家思想、講兩岸問題，每一個論題都是義正辭嚴。《中央日報》主編梅新先生寫信來抗議說：王教授，讀者反映你把比較有意思的都寫在《聯合報》，比較沒有意思的寫在《中央日報》。我說：大人冤枉！事實上，我在扭轉一個學人教授老談緣與命的形象，我不想讓人家以為我在隨俗起舞，講大眾喜歡的流行話題，我們最大的關懷還是從哲學、從文化最內在、最核心的理念出發。

今天讓我可以得到一點表達的機會，用老子的一二三來講「一命二運三緣分」，這個扭轉可以讓我解消不安。我的書是否暢銷，那是出版社要去用心，作者但求無愧我心而已！

總之，「命」的理念來自儒道兩家，「緣」的理念來自佛門，「一、二、三」不僅來自老子道的「無、有、玄」的生成原理，也來自三大教的智慧教言，所以也可以說是生命的實踐。

第9講：

傳統與現代的對話

——談古典今詮的文化產業

【「中學為用」已在兩岸的文化土地中失落】

自清中葉洋務運動以降，面對西潮東漸的衝擊，傳統士大夫為了救亡圖存，在「體常而盡變」，權變以求通的大前提下，高舉「中學為體，西學為用」的大纛，此一者捍衛中學之體的文化尊嚴，以保住千年傳統的主體地位，二者又開出西學之用的科技實效，以回應時代的變局，這是中國知識分子在感情與理性上都可以接受的應變模式。

不過，張勳復辟與袁氏帝制，讓西化派的學人，質疑中學之體，根本開不出西學之用，在體用有隔之下，西學的引進是無本的，因為本質上是道德的中學之體，如何可能開出本質上是知識的西學之用？為了讓「西學為用」成為可能，西化派喊出了「打倒孔家店」與「全盤西化」的激進理論，已直以西學為體了。此或許為「西學為用」掃除了老傳統的習氣障礙，卻無端動搖了「中學為體」的長根大本。

傳統派以中學之體，試圖開出西學之用，固屬不相應，也不可能；西化派為了有效的引進西學之用，而打垮了儒教常體的中學本位，更屬非理性。此所以當代新儒學，在傳統派與西化派的兩極間，建構了「一心開二門」之說，以中學為體的德性心，在良知的自我坎陷之下，開出西學為用之所以可能的認知心，德行心保住中學為體的長根大本，認知心顯發西學為用的功利實效，這是當代新儒學返本以開新的殊勝處。

統觀傳統派、西化派與當代新儒學之間，都肯定了「西學為用」的必要性，爭論點集結在，是「中學為體」，還是西學為體，或是中學的超越之體（德性心）自我轉化而為西學的內在之體（認知心）？就在救亡圖存的迫切感之下，西學為用的大浪潮，席捲一切，卻遺忘了「中學為用」的文化教養。如是「中學為體」的護持，只是虛構懸空的理想，生發不出教養化成的作用。

反觀西方，在知識理性的內在之體之上，還有基督信仰，作為道德理性的超越之體，而近代中國卻讓自家的中學之體，束之高閣，作為中國文化的精神象徵，而未能落實在家居日常，去發揮價值規範與人文養成的功能。此所以兩岸在走向現代化之開放改革的路上，都出現了諸多無法無天的失序亂象，那不是科技與法制的架構問題，而是人品人格的教養問題，我們不能靠基督，也不能靠佛陀，而僅能回歸「中學為體」的文化心靈，並重振「中學為用」的人文化成。

就風格獨立的人文學者來說，古典今詮就是參與文化產業最直接、最相應，也最有效的管道，把千年傳統引向當代街頭，引導民間進行傳統與現代的心靈對話，依據千年智慧來過百年人生，這樣的話，文化產業自是可大可久，有生產線，也有行銷網，且深入生命底層。其產值雖屬無形，卻是難以估計的，故願就幾十年來在台灣鄉土的民間講學與文化講座的經驗與心得，做一回顧性的說解。

《緣與命》——福報來自德行的價值貞定

中國文化的主流，儒道兩家的天道，只賦予人的德性，而不管人間的福報，而將福報歸之於命。孔子說「死生有命」而窮達也是命；莊子也說死生窮達是「事之變，命之行也」。人生在自求多福之餘，只好靠江湖術士來算命，與江湖好漢來救命了，人間福報就此流落江湖，而難以修成正果。

命是天生的氣稟材質，氣有清濁，才有高下，這一父母生成的遺傳基因，決定了人活一生的福報。身材相貌與性向才情，都是命，而命牽動了人生的走向與成長的可能空間，氣質導向氣運，而氣運決定氣數，所以福報根本就是天生命定。

氣運總在人間展開，就碰上了氣質是否相應的問題，後天機遇的緣會，從合不合說幸不幸，故幸運與遇合的人間緣會，也主導了人生的福報。故「命定」說之外，又有「緣起」說。父子是命，夫婦是緣，而「天下肇端乎夫婦」，故人的前半生靠父子的「命」，後半生靠夫婦的「緣」。

《老殘遊記》有一句臨別贈言：「願天下有情人，都成了眷屬；是前生注定事，莫錯過姻緣。」前生注定是命，有情人是兩命相知交感，成眷屬則是「緣」；故有所謂姻緣天生的說法，實則是有命才有緣。《紅樓夢》也有一段話，假如說沒有緣的話，偏又遇著她；假如是有緣的話，為什麼落空呢？這說的是賈寶玉跟林黛玉的情愛世界，所以說一個是水中月，一個是鏡中花，如夢如幻，而幻化成空。賈寶玉是女媧煉石補天，被天地遺落的一塊頑石，有如天地的逸氣，在人間飄蕩，看到一株乾枯的絳珠仙草，就用甘露去灌溉，那絳珠仙草是林黛玉的前身，她要還報這塊頑石的深情，而甘露就是淚水，一生注定要以淚水來還報寶玉頑石，整部《紅樓夢》說的就是這段因緣，命本如此，儘管人間有緣，也不能長久在一起。此外，薛寶釵有一塊金鎖，賈寶玉有一塊通靈寶玉，上面各刻了八個字，而八字是一對，好像他們的「命」有先天的神祕感應，然寶玉與黛玉緣會遇合在先，儘管天生有命，也成不了一段好姻緣。

此佛門義理說「緣起性空」，依外緣而起現，故無自性。因為緣起緣生，緣盡緣滅，緣生滅無常，又怎麼能定住福報？且緣會美感，僅存當下，瞬間即逝，而空留遺憾。故我們的文化傳統，不講緣會緣起，而轉說緣分，孟子有云：「君子所性，雖大行不加焉，雖窮居無損焉，分定故也。」大行窮居的窮達，對人的性分來說，不能增損分毫，因為性善本分早定，儒家就以性善本分的「分」，來定住佛門生滅無常的「緣」。此之謂有分才有緣。世俗民間的福報，已往「分定」的德行修養去尋求奠基了。

依民間的傳統「一命、二運、三風水、四積陰德、五讀書」的福報排序，重新做調整，濃縮而為「一命、二運、三緣分」，因為風水屬自然無心，僅給出靜態的空間，而緣分乃人文有心，會生發生命的感動，且將積德與讀書消融在緣分的「分」裡，更根本的理由在，此人間福報的一、二、三，可與天道德行的一、二、三連線。《老子》有云：「道生一，一生二，二生三，三生萬物。」此「道生一」是「無」，「一生二」是「無」跟「有」，「二生三」是又無又有的「玄」，「三生萬物」則是「眾妙之門」的「妙」了。而一命是天生命定，看似已「無」空間，二運是未定之天，「有」百年人生的運轉，三緣分是天作之合，兩命在人間遇合，命往緣中「運」，且緣守命中「分」，可以生發命底相合，而分定緣會的人間美好，「妙」在天下有情人，都成了眷屬，既是前生注定事，豈可錯過好姻緣。

綜上言之，所謂改命，就在改變氣數，而氣數由氣運而定，故改命要改變一生走的路；而氣運從氣質而來，故改變氣運，得從變化氣質下功夫。變化氣質之道，一在修養積德，二在讀書成長，凡此皆學術、教育與文化界所當擔負的使命，教育的功能不就在變化氣質嗎？不論是儒家的「分定」，或道家的「玄妙」，都是「中學為用」之人文教化所憑依的經典，故講論傳統經典，引入當代生活，堪稱最深刻，最豐富，也最能普遍化的文化產業。

《人生關卡》——三代一起過關的人生修行

人間社會，由老中少三代構成，人生行程，都要歷經少中老三個階段。孔子說：「君子有三戒，少之時，血氣未定，戒之在色；及其壯也，血氣方剛，戒之在鬥；及其老也，血氣已衰，戒之在得。」血氣是命，戒是關卡，故人生的命運，可能過關，也可能被卡住，人人皆在過自己「命」的關，人人也可能被自己的「命」卡住。

《論語》開宗明義云：「學而時習之，不亦悅乎，有朋友自遠方來，不亦樂乎，人不知而不慍，不亦君子乎！」另孔子自道：「吾十有五而志於學，三十而立，四十而不惑，五十而知天命，六十而耳順，七十而從心所欲，不踰距。」三者統合求解，少年關從「十有五而志於學」到「三十而立」，中年關從「四十而不惑」到「五十而知天命」，老年關從「六十而耳順」到「七十而從心所欲，不踰矩」。少年學習過成長關，中年交友過事業關，老年隱退過休閒關。而成長關可能被情愛（色）卡住，事業關可能被名利（鬥）卡住，休閒關可能被心結（得）卡住，「戒」是過關而不被卡住，少年要「志於學」的成長，而不被青春迷惑，中年要「不惑」的創業，而不會惡性競爭，老年要「耳順」的隱退，而不想抓住不放。此從「自我的成長」，推擴而為「天下的事業」，再翻越而上「天地的境界」，不僅過關，且修成正果。

此外，人生是人物走向人間，人物有限，而人間複雜，有限是「命」，複雜是「緣」。莊子有云：「天下有大戒二，其一命也，其一義也。子之愛親，命也，不可解於心；臣之事君，義也，無適而非君，無所逃於天地之間。」人間天下有兩大難關，一是「吾生有涯」的「命」關，一是「知也無涯」的「義」關。人間子女發自內心的愛自己的父母是不可解的「命」，天下人民要認同國家的體制規範，是無所逃的「義」，「命」不可解，也就無須解，「義」無所逃，也就不必逃，人生的苦難就在想解想逃，認了愛的命，又把「無所逃」的義，當做「不可解」的命，不就可以「知其不可奈何，而安之若命」了嗎？愛是命，義也是命，不求解也不想逃，那愛就不再是負累，而義也不再是重擔了。

且儒道兩家擔負的人間道義，在歷史傳統中被柔性化而為緣會，因為義是道理的必然，緣是緣會的偶然，人間情愛婚姻不說不義，只說無緣，就不會那麼不可解的沉重，與無所逃的壓迫了。

在此，人生關卡與人物的命，人間的緣，已連結一體，人生兩大難關，一在人物有命，二在人間有緣，命是你不想定的它已經定了，緣是你想定的它偏不定。故「戒」之扭轉之道，就在人生有心，心生善緣，而緣造好命，一邊過關，一邊改命。每一個人要過自己少中老的關，整體社群也要老中少一起過關，此三代一邊過關也一邊傳承的價值理想，正可以消化已成社會主流的佛門三世因果之說。我的前世，決定我的今生；我的今生，又開啟我的來生，前世的業今生報，今生種了因，來生結了果，因果業報自證自了，故今生兩大事，一在了前生，二在修來生，此一福報來自德行的說法，相當理性而乾淨。問題在，在前世、今生、來生的譜系中，都只有我，而我最愛的父母、兒女，卻被遺落，所以，要以儒家的三代傳承，來消化佛門的三世因果，父母是我的前生，兒女是我的來生，了前生，要孝敬父母，修來生，要教養兒女，這一來三代一起過關，三代也一起得好報了，而這也是文化產業所給出來的無形產值。

「從孔家來」——兩岸互動的文化認同

《論語》有一儒門與隱者的人間對話：

子路夜宿石門。晨門曰：「奚自？」子路曰：「自孔氏。」曰：「是知其不可而為之者與！」

子路是儒門的豪傑人物，在石門這個地方過夜，隔天清晨，大步跨出城門，而藏身於此打開城門的隱者，當下被他的英雄氣概吸引，忘了隱藏自己，衝口問道：「先生何處來？」子路知道眼前出現的是另一家派的高人，不敢等閒回應，為了表達敬意，對等的釋放出生命的訊息，答道：「從孔家來。」而這位別具慧眼的隱者高人，也立即做出英雄相惜的知心回應，說道：「是明明知道事實不可能，還要堅持理想奮力向前的那個人嗎？」

這一段生命對話，甫在天地展開，而人間情節卻匆匆落幕，子路還得追隨孔子，行道人間，而晨門依舊藏身城門一角，不問世事。萍水相逢，頓成知己，心靈交會而天各一方，沒有流連，也沒有遺憾，一個守得住，一個走得開，真的是你記得也好，最好把我忘記，無須帶走一片雲彩。

這是《論語》最有存在感，也最具震撼力的一則傳奇，原來生命的美好，就在每一當下互發的光亮，雖說人間緣會不定，而世事生滅無常，然發自真性情的生命火花，卻長留天壤間。

今天兩岸中國人已前進世界各地，正開拓華人的精神天地，或許出席在學術文化會議與歌舞演出的現場，或許坐上三通直航與經貿交流的談判桌間，不論何年何月，只要有緣會面，彼此致意，要有道家隱者的真性情，問道：「奚自？」也要有儒門子路的豪情，答道：「自孔氏。」笑談間會心相知，不都在「知其不可而為之」的儒門教養之下長成的中國人嗎？這不僅是隨緣是善緣，更是認命是好命了。

不說從台北來，也不說從北京來，避開政治現實的兩岸隔離，而轉出文化認同的兩岸一家，這是超離在政統之上的道統，孔廟聖教永遠超拔在歷朝各代的王室君權之上，不管哪一位大皇帝，都要祭天祭孔，他們的牌位永遠進不了孔廟的殿堂。

中國人有兩把火，永不可熄滅，一在家門的香火，二在師門的薪火，香火要永傳，薪火也要永傳，三代傳承是香火永傳，文化傳承是薪火永傳，但願隨中國崛起的國學熱，也能朝向「自孔氏」之薪火永傳的大道走去。這一份文化認同的價值自覺，恐怕是兩岸華人最大的文化產業了。

「現代新禪七」——道在烏龍普洱間

在台灣鄉土，禪七風行，佛門獨領風騷，儼然時代主流，實則佛門本在舍離，而不在擔當，修行離開生活，等同逃避，在家常日常中修出道來，才是「現代新禪七」。七不是打坐七天，而是開門七件事的柴米油鹽醬醋茶，禪不是禪定，而是茶中有道。開門七件事既繁瑣又庸俗，問題是它是家常日常，你不能不要它，只有化解柴米油鹽的煙火氣，而品出醬醋的味道，柴米油鹽是必需品，醬醋是調味品，而茶則是可有可無又有又無的妙品。

「妙」在把「無」的茶引入生活，飯後茶餘，會讓柴米油鹽「有」餘地，醬醋「有」閒情，此無異起死回生，生出生機情趣來，禪七是禪悟，新禪七則是道妙，在若有若無間，由藝進於道，在生活中活出道來。

老子云：「挫其銳，解其紛，和其光，同其塵。」人活一生的道，要挫損自己的鋒銳，以解開自己的紛擾，且消融自己的光芒，而混同自己於人間塵土。喫茶等同道行，「龍井」風姿伸展如飛龍在天，而靈氣韻味如甘泉湧現，但茶道有一段修行的進程，龍井之後喝「烏龍」，「挫其銳」要挫損自己的高貴，忘了我是一條龍，人間哪裡有龍；烏龍之後喝「武夷」，「解其紛」要放下自己的尊嚴，把武功放平，散掉自己的功力，只做個茶仙散人；武夷之後喝「鐵觀音」，「和其光」要解消自己的亮麗光彩，觀音總放光，而光耀刺眼，故要以鐵的姿態出現，而涵藏自己的光彩；武夷之後喝「普洱」，「同其塵」要與世俗民間同行，普洱深濃，茶色猶如藥湯，別具深厚風味，有補養之功，不刺激傷胃，人人可喝，時時可喝，可堪回味而與眾生同在，這不是體現「道」的生成之理了嗎？

現代新禪七，開門七件事自有門道，道融入生活，生出品格，活出味道，是所謂新禪七，今兩岸中國人，大陸同胞喜好烏龍，台灣朋友熱中普洱，道在烏龍普洱間，這是兩岸最善意的互動，你看到我的優點，我也看到你的優點，你肯定我，我也賞識你，由烏龍而普洱，忘掉我是一條龍，而與人間塵土同在同行，此由文化認同，到兩岸一家。憑藉千年文化產業的產銷經營，而化成兩岸一家的文化產值。

【鄉土情與文化心的統合並行】

相對於大中國情結，台灣政界有的專注文化心，有的專注鄉土情，而風土人情根源在文化傳統，二者一體不可分。從重要感而言，是文化心重於鄉土情，從親切感而言，是鄉土情親於文化心。心與情可以相容並行，而不必老在二者間，拔河拉扯，甚至衝決斷裂，因為不管往哪一邊傾斜，甚至割捨哪一邊，都是生命的傷痛，注定是一場自己打自己的悲劇。

當前兩岸善意啟動，觀光直航正逐步加溫，投資創業也在解凍，透過學術文化的交流，鄉土情與文化心統合並行，這是不可解於心的命，也是無所逃於天地間的義，故千年道統的古典今詮，可以導入當代人心，而架構出兩岸一家的橋梁。道在烏龍普洱間，不僅有現代化的經濟效益，更是鄉土情與文化心的文化產業，此有待開發的無形產值，當真無可計量。

第10講：儒道法三家思想之比較

【壹、從天道觀看各家思想】

中國傳統的第一哲學在「天道人性論」。此即太史公所說的「究天人之際」。此天道觀約略可分成三個不同的類型：

一、宗教主宰之天（天意、天志）：屬宗教範疇，墨子為代表。

二、形上義理之天（天道、天理）：屬哲學範疇，孔、孟、老、莊為代表。

三、現象自然之天（天氣、天象）：屬科學範疇，荀子、慎到為代表。

今即依此分別說明。

一、墨家的宗教主宰之天

墨家代表民間團隊，為民間爭權益，保有民間傳統的天道觀。墨子對儒家捍衛周文深感不滿，因周文垮了，也就是貴族垮了，平民的機會便來了。因此墨子多與《論語》唱反調，孔子說「敬鬼神而遠之」，墨子便主張「明鬼」；孔子說「命也」，墨子便主張「非命」。墨子認為天有意志，主賞罰，是超絕的，不內在於人，也就不可能承認人性本善。

二、儒家、道家的形上義理之天

〔一〕孔孟、老莊之相近處：

孔孟、老莊的天道觀是「既超越又內在」。因內在於人性，所以不是「超絕」，而是「超越」。孔子說「天生德於予」；孟子說「此天之所與我者」，這就是天道內在於人。而老子說「道生之，德畜之」，老子的道位階上等同孔子的天；莊子〈齊物論〉中說天籟在地籟、人籟中，可見老莊的天道觀也是既超越又內在。因此孔孟、老莊一定主性善天真，但孔孟之德通過「仁」來規定，老子之德則通過「不仁」來規定。老子說「不仁」並非否定仁德，而是無心，不執著仁，也就是順任天真。儒家講性善，是人性本善；道家講天真，是天生本真，兩家天人之際的哲學型態是一樣的。

〔二〕孔孟、老莊之不同處：

孔孟：開出人文，化成自然；或可以說成：「人文化成」。

老莊：解消人文，回歸自然；或可以說成：「道法自然」。

為何老莊要解消人文？因禮樂教化可能日久僵化、形式化，而成禮教吃人。孔孟所要開出的人文是真心流露、真實生動的人文；所要化成的自然是指自然的材質。而老莊所要解消的人文是僵化的人文；所要回歸的自然是境界的自然，絕不是原始的狀態。

老莊的「自然」是相對於「他然」而言，「然」是生命的美好，問「然」從何處來？從自己來是「自然」；從他人來則是「他然」。「然」從自己來，即是能合理的解釋自己的存在，並進而合理的解釋萬物的存在。

三、荀子、慎到的現象自然之天

荀子由儒入法，慎到由道入法。關鍵就在將「天」視為自然現象的天。荀子說「天行有常」，慎到說物勢的自然，兩家失落了性善與天真，故轉向外在的禮法來維繫群體的理序。

【貳、從治道觀論三家思想】

一、《老子・第十七章》：「太上，下知有之；其次，親之譽之；其次，畏之；其次，侮之。」

此章同時說解儒、道、法三家治道。太上的治道，人民僅知有一政府，這是天高皇帝遠，是道家的治道；其次親之譽之，是儒家的治道；再其次畏之、侮之，則是法家的治道。老子以官方「信不足」，故民間「有不信」來批判第三等的治道；而以「悠兮其貴言」、「功成事遂，百姓皆謂我自然」說太上之治。而第二等治道：要人們感恩歌頌，把功勞放在自己身上，迫使百姓失落了自家的美好。

(一)儒家：

儒家的仁心、義理是內聖，禮制、智慧是外王。若只有仁心的愛，易流於專制獨斷；愛須得到對方的認同與接受，是為公義正義；且愛要有通路，須通過制度，而禮制是死的，智慧則是活的，靠靈動的智慧來活用禮制，以避免制度僵化。仁是價值的根源；義是價值的判斷；禮是價值的規範；而智則是價值的權衡。以義救仁，以智救禮，這是儒家美好的治道安排。

〔二〕**道家：**

道家絕仁棄義、絕聖棄智。不是本質的否定，而是辯證的超越，是正反合之合，是通過「反」來解消自己的副作用。「絕」、「棄」就是不執著。王弼說：「絕聖而後聖功全，棄仁而後仁德厚。」不以為自己是聖人智者，才能保存聖智；不以為自己是仁義之化身，才能承擔仁義。儒家是有心，此心是仁心、道德良心；道家是無心，此心是心知，是執著。老子說：「生而不有，為而不恃，長而不宰，是謂玄德。」「生」、「為」、「長」是「有」，「不有」、「不恃」、「不宰」是「無」，所有人間美好的「有」是通過主體的「無」而來，越放下越能真實擁有。真正的愛是無條件的，經過道家的絕棄，才能成全儒家的聖智。

〔三〕**法家：**

老莊說的「虛靜心」是絕棄之後超越的觀照，這是「照現」對方，照現他就是實現他，看到他的美好。荀子把老莊的虛靜心用在認知，是平面的認知，也就是現今我們常說的虛心學習，以此才能如實認知外物。韓非也講認知心，但是重在利害的計量。現在科學講量化、數據，即是認知的計量。荀、韓二人皆由虛靜心轉向認知。韓非直承老子，老子的「無」開出法家的「術」，「無」了才能「明」，才能照現百姓，此即如老子所說：「聖人無常心，以百姓心為心。」法家的「術」照察臣下的私心，也就是現今的領導統御與企業管理。

韓非說：「君不仁，臣不忠，則可以霸王矣。」因通過法制，所以君不仁、臣不忠，仍可以王霸天下。韓非還說：「依法而不求智，固術而不慕信。」意指天下所有智慧集結在國家體制上，不必靠個人的才智或貞信。「術」照察一切真相，人人都可靠可用。

二、韓非〈難勢篇〉：「勢因於自然則治」、「勢待賢乃治」、「抱法處勢則治」

韓非的〈難勢篇〉討論權力要安放何處才合理，以避免權力的氾濫。〈難勢篇〉也比較了儒、道、法三家的治道觀。

（一）道家：

韓非引慎子言：「勢因於自然則治」，此是道家思想。勢順任自然，取消人為，讓權力回歸自然的軌道。如同老子言「專氣致柔」，心知退出，氣才能回歸自然柔和。若心知執著而帶動了氣，則「心使氣曰強」，反而適得其反。故權力也要回歸無心自然，是謂無為而治。以免人為操弄，造成權力的氾濫。

（二）儒家：

「勢待賢乃治」則是儒家的立場，主張權力要交給堯舜聖賢，以成賢德之治。儒家的性善是民主合理性的哲學基礎，因人人性善，所以人人投出的一票才可能合理。人人皆可為堯舜，人人出來當堯舜，人間理想不可能實現。

（三）法家：

「抱法處勢則治」是法家的觀點。法家認為堯舜「千世而一出」，與其等待那千分之一的時機，不如抱法處勢。因千分之九百九十九的人都是中等資質，只要依制度而行即可平治天下。韓非的人性觀是自利的人性觀。韓非以為人情好利惡害，法律賞利罰害，故賞罰絕對有效。

參、結論

各家所抱持的「心」大有不同：孔孟的德性心，貞定了道德的善；老莊的虛靜心，朗現了藝術的美；荀韓的認知心，證成了知識的真。荀韓的認知心一直未得傳統讀書人的青睞，未獲應有的重視；直至鴉片戰後，中國人開始講求法治，荀韓才受到重視。現代化理論要通過自家傳統開出，須走由孔孟而老莊，再到荀韓這一條路，這才是正路。儒家理想性，須靠制度才能實現。另一方面理想性、使命感太強會走向威權，因此儒家理想須通過道家自我解消的智慧，天下事通過法家制度去落實，這是千百年的大業。

新世紀智慧館 15

向儒道思想學情緒管理

著者　王邦雄
責任編輯　鍾欣純
發行人　蔡澤蘋
出版　健行文化出版事業有限公司
臺北市105八德路3段12巷57弄40號
電話／02-25776564・傳真／02-25789205
郵政劃撥／0112263-4
九歌文學網　www.chiuko.com.tw
印刷　崇寶彩藝印刷有限公司
法律顧問　龍躍天律師・蕭雄淋律師・董安丹律師
發行　九歌出版社有限公司
台北市105八德路3段12巷57弄40號
電話／02-25776564・傳真／02-25789205
初版　2010（民國99）年10月10日
初版6印　2012（民國101）年7月
定價　**250元**

書號　0204015
ISBN　978-986-6798-31-3
（缺頁、破損或裝訂錯誤，請寄回本公司更換）

國家圖書館出版品預行編目資料

向儒道思想學情緒管理 / 王邦雄著. -- 初版.
-- 臺北市 : 健行文化, 民99.10
面 ; 公分. --（新世紀智慧館 ; 15）
ISBN 978-986-6798-31-3（平裝）

1. 生命哲學 2. 文集

191.9107　99017144